PROFESSOR SEM P...R...E...S...S...A

MAGGIE BERG E BARBARA K. SEEBER

PROFESSOR SEM P...R...E...S...S...A

O Movimento Slow no ensino superior e na pesquisa acadêmica

Tradução de Daniela Belmiro

© 2024 - Maggie Berg e Barbara K. Seeber
Direitos em língua portuguesa para o Brasil:
Matrix Editora
www.matrixeditora.com.br
/MatrixEditora | /@matrixeditora | /matrixeditora | /matrixeditora

© University of Toronto Press 2016
Edição original publicada por University of Toronto Press, Toronto, Canadá

Título original em inglês: The Slow Professor: Challenging the Culture of Speed in the Academy

Publicado sob licença da University of Toronto Press pela International Editors' Co.

Diretor editorial
Paulo Tadeu

Tradução
Daniela Belmiro

Capa, projeto gráfico e diagramação
Marcelo Córreia

Revisão
Adriana Wrege
Silvia Parollo

CIP-BRASIL - CATALOGAÇÃO NA PUBLICAÇÃO
SINDICATO NACIONAL DOS EDITORES DE LIVROS, RJ

Berg, Maggie
Professor sem pressa / Maggie Berg, Barbara K. Seeber; tradução Daniela Belmiro. - 1. ed. - São Paulo: Matrix, 2024.
160 p.; 23 cm.
Tradução de: The slow professor: challenging the culture of speed in the academy

ISBN 978-65-5616-518-9

1. Ensino superior - Filosofia. 2. Professores universitários - Formação. 3.Administração do tempo. I. Seeber, Barbara K. II. Belmiro, Daniela. III. Título.

24-94535	CDD: 378.125
	CDU: 378.026

Meri Gleice Rodrigues de Souza - Bibliotecária - CRB-7/6439

Sumário

Apresentação 13
Prefácio à edição brasileira 19
Prefácio 25
Introdução 31
Capítulo Um - **Gestão do Tempo e Atemporalidade** 49
Capítulo Dois - **Pedagogia e Prazer** 71
Capítulo Três - **Pesquisa e Compreensão** 97
Capítulo Quatro - **Cooperatividade e Comunidade** 121
Conclusão - **Colaboração e Pensamento em Conjunto** .. 139

Agradecimentos 147
Referências bibliográficas 151

Neste *Professor sem Pressa*, as autoras Maggie Berg e Barbara Seeber em nenhum momento descrevem ou fazem apologia à procrastinação e à letargia [...] Elas enxergam a necessidade e argumentam em favor do pensamento deliberativo, imaginativo e reflexivo como fator definidor do trabalho e da vida na docência universitária. Criatividade e contemplação, no entender das autoras, não funcionam em modo multitarefa [...] O trabalho remete à era de conscientização que pavimentou o caminho para a segunda onda do feminismo, meio século atrás. [...] Com gentileza e bom humor, o livro reconforta tanto professores novatos quanto os veteranos ao garantir que os sentimentos de desalento que os assaltam e as incursões nervosas a um grau de autocrítica que pode ser nocivo não são inteiramente culpa deles próprios. É um trabalho que redime e inspira.

Howard A. Doughty, *CAUT Bulletin*

Embora já tenha sido tachado por alguns como "fruto do privilégio do cargo de titular", o livro é ao mesmo tempo um acréscimo importante e um possível antídoto para a literatura cada vez mais prolífica sobre a corporativização da universidade [...] O que torna a argumentação de Berg e Seeber original, no entanto, é o fato de as autoras rejeitarem a linguagem da "crise" que é dominante em boa parte dos livros anteriores [...] No lugar dela, *Professor sem Pressa* propõe com uma certa dose de otimismo que os professores [...] têm o poder de mudar o rumo da universidade ao se posicionarem no olho do furacão, trabalhando deliberada e conscientemente de maneiras que de algum jeito hoje soam como tabu.

Colleen Flaherty, *Inside Higher Education*

Professor sem Pressa, o Movimento Slow no ensino superior e na pesquisa acadêmica, de Maggie Berg e Barbara K. Seeber, é o tão falado livro-manifesto que iniciou um debate fundamental sobre a importância – e os prazeres – de proteger o pensar exploratório contra a cadência frenética da linha de montagem acadêmica em que se transformou a universidade atual.

Susan Prentice, *Times Higher Education, Livros do Ano de 2016*

Apresentação

Eu levei bastante tempo para redigir esta apresentação. De todo modo, penso que em geral o processo de escrita é algo que leva muito tempo mesmo – certamente tempo demais se comparado à brevidade e ao caráter insatisfatório do resultado. No entanto, talvez seja um erro, e um erro bastante representativo e revelador, o fato de que tanta atenção seja concentrada no dito "resultado". Escrever é uma atividade complexa, que engendra um monte de coisas ao longo do processo, inclusive descobrir o que pensamos de verdade a respeito do assunto em questão. Neste caso específico, por exemplo, foi um período em que eu me peguei buscando algum material de apoio, ruminando sobre qual seria a utilidade de escrever uma apresentação para um livro que já apresenta a si mesmo tão bem para o leitor, e refletindo sobre as diferenças entre o "ensino em sala de aula" (o modelo padrão de ensino universitário adotado na América do Norte) e as conferências, seminários e tutorias (modelos mais comuns no Reino Unido). Aliás, durante esse tempo eu também coei litros de café, saí para correr, tive conversas imaginárias com as autoras do livro (que jamais cheguei a encontrar pessoalmente) e organizei o meu escritório. Devo admitir que um escritor mais disciplinado talvez pudesse ter prescindido de alguns desses elementos, embora eu veja com certa desconfiança esses atributos da "disciplina" que se mostram autopunitivos ao ponto de transformar a labuta incessante em um tipo perverso de satisfação psicológica em si mesma. Ainda assim, todos esses ingredientes ou outros assemelhados fazem parte da experiência de escrita de muitos escritores, e uma das recomendações feitas neste livro é que nós, membros da academia, deveríamos trocar coletivamente mais relatos sobre como efetivamente empregamos o nosso tempo – incluindo todos os surtos de ansiedade, sentimentos de inadequação e de fracasso envolvidos no processo – em vez de nos apresentar como os robôs escrevedores supereficientes que a maior parte dos sistemas de avaliação de desempenho foi projetada para recompensar.

Esses sistemas supostamente existem para estimular a produtividade, embora na verdade um dos maiores obstáculos para a produção intelectual genuína no meio acadêmico atualmente seja o fato de que a maior parte dos acadêmicos publica demais. E com isso eu não quero dizer que eles estejam *escrevendo* demais: "escrever mais e publicar menos" é um preceito valioso, que nos encoraja a explorar mais o nosso pensamento e só publicar algo quando estivermos certos de que temos algo que vale a pena ser dito. No campo das ciências humanas (eu não tenho experiência suficiente nas outras áreas para falar sobre elas), nós desenvolvemos em grande parte o nosso pensamento por meio da escrita – ou melhor, por meio do processo de tentar escrever – e, ao fazer isso, descobrimos que não sabemos exatamente o que estamos pensando a respeito do nosso tema. Da mesma forma, o ato de reescrever não é simplesmente retocar o estilo de um texto já devidamente elaborado, e sim pensar de forma um pouco mais clara e exata sobre o mesmo assunto. Tudo isso toma tempo.

Tomar o tempo necessário, seja ele quanto for, e nos reapropriar do nosso tempo estão entre as recomendações principais feitas por Maggie Berg e Barbara Seeber neste livro que chega num momento tão oportuno. Como elas reconhecem, a vida nas universidades de hoje tornou-se tão corrida e atormentada que os processos responsáveis por criar esse frenesi ostentoso de excesso de ocupação estão começando a ameaçar o propósito de existência da academia em si. Gasta-se mais tempo submetendo projetos para bolsas de pesquisa do que efetivamente fazendo pesquisa, e mais tempo criando relatórios para demonstrar que os resultados de um curso ficaram dentro dos parâmetros esperados do que planejando como ministrar o curso no período seguinte; gasta-se mais tempo participando de comitês que registram quantos projetos para bolsas foram bem-sucedidos e quantos cursos tiveram *performance* satisfatória do que trocando ideias com colegas professores – esses são sintomas de um sistema no qual os imperativos gerencialistas acabam por substituir as atividades que eles deveriam incentivar.

Berg e Seeber, é claro, não são as únicas a diagnosticar esse mal, como deixam claro nas inúmeras referências a outros estudos (e talvez, aliás, este seja o momento para esclarecer que eu aceitei escrever esta Apresentação antes de ler as palavras tão generosas das autoras sobre trabalhos de minha autoria a respeito do tópico). Mas a perspectiva delas talvez seja incomum, considerando que voltam o foco para a condição existencial dos docentes como indivíduos e para o que eles ou elas podem fazer para combater o problema. As autoras ressaltam eloquentemente a maneira como a imposição equivocada de panaceias recomendadas por consultores de negócios resulta na subjetividade esvaziada da academia nos dias de hoje, uma forma de autoalienação atormentada que replica perfeitamente o modelo do agente econômico neoliberal, buscando incessantemente maximizar vantagens pessoais num ambiente de competitividade acirrada.

Mas, ainda que as universidades de hoje não fossem em sua maioria geridas como *bootcamps* para adeptos dos lemas de superação pessoal ávidos por agradar, ainda assim haveria uma tensão entre as demandas do cotidiano e as condições capazes de fomentar a criatividade intelectual. Todos nós conhecemos o tipo de foco concentrado e instrumental que é acionado pelo modo de funcionamento "eficiente". Vamos ticando os itens de nossas listas mentais ou físicas de afazeres, avançando em nosso dia de maneira organizadíssima, muito profissional e com uma rapidez espantosa. Cartas de recomendação, resenhas para editoras, memorandos internos: cada toque no ícone de "enviar" aumenta a nossa sensação de dever cumprido. Isso sem falar naquela que é "A" tarefa, a batalha de Sísifo diária que empreendemos para limpar nossas caixas de entrada de e-mails – uma missão que, por sua propensão para ser desagradável e digna de louvor na mesmíssima medida, é o equivalente eletrônico de esfregar o chão da cozinha. (Para fins de transparência, a minha caixa de entrada neste momento tem 1.762 novas mensagens, embora isso me caracterize mais como um arquivador de mensagens ocasional e indeciso do que como alguém absurdamente indiferente ou extremamente popular.) O ponto é que o modo de eficiência não favorece o surgimento de pensamentos novos ou que valham a pena. Para isso, geralmente o que se requer são aqueles períodos de inatividade rabugenta, ou aparente inatividade, aquele estado levemente depressivo no qual a autorrecriminação e a livre associação de ideias se combinam de uma maneira que evoca mais o estado de frustração sexual do que uma caixa de entrada impecável. Berg e Seeber fazem uma defesa dessa inatividade, ou aparente inatividade, e propõem que nós conversemos mais uns com os outros sobre esses momentos. Essas trocas podem funcionar como uma forma de somar as nossas forças, de identificarmos coletivamente as condições que favorecem a realização do bom trabalho acadêmico.

As autoras reconhecem, é claro, que o mundo ao redor das universidades também passou por uma aceleração e que existem limites para o quanto um indivíduo ou grupo vai conseguir se manter à margem dos efeitos da Internet, dos *smartphones*, dos *feeds* de notícia atualizados 24 horas por dia, das redes sociais e dos efeitos de viver imerso no que tem sido chamado adequadamente de "poluição informacional" – ou, como preferem alguns, no mundo do "déficit de atenção autoinduzido". Entretanto, assim como "pensar globalmente e agir localmente" é um bom conselho para o ativismo de forma geral, a nós, que somos parte da comunidade acadêmica, cabe começar do ponto onde estamos e fazer aquilo que podemos fazer. E mesmo isso, como Berg e Seeber demonstram, já é bastante coisa. Muitos dos passos recomendados por elas são instâncias do que eu chamo de a "dupla consciência" com a qual os acadêmicos se acostumaram a viver nas últimas décadas. Nós sabemos que muitas das exigências da cultura da auditoria e do gerencialismo que é associado a ela são equivocadas e prejudiciais, mas também sabemos que é preciso demonstrar pelo menos um mínimo de conformidade a esses novos modelos. Assim, ao mesmo tempo que tratamos de espremer nossas atividades para que caibam em uma série de caixas projetadas por pessoas que não entendem nada sobre a natureza dessas atividades em si, nós também mantemos vivo um vocabulário bem diferente e uma maneira distinta de avaliar valor (uma que começa por reconhecer que o valor é algo a ser *avaliado* e não *mensurado*). E nós fazemos isso – o que segundo a recomendação de Berg e Seeber deve ser algo ainda mais deliberado e explícito –, em parte ao escolher falar uns com os outros e com os nossos alunos de formas que façam jus à natureza da investigação intelectual exploratória, da expansão dos horizontes intelectuais ou apenas à importância de uma frase bem-elaborada e que não tenha sido desmembrada numa regurgitação burocrática e gramaticalmente absurda de tópicos em lista.

Para além disso, as autoras apontam a necessidade de mudanças que têm mais a ver com cultura e idiossincrasias do que com procedimentos isoláveis. Elas nos recordam da necessidade de encontrar prazer em fazer aquilo que fazemos – lembrando-nos, aliás, de que somos capazes de fazer melhor quando fazemos com prazer. E nos exortam a ser menos solitários e protegidos, a cultivar uma maior generosidade com nossas ideias, com a nossa capacidade de dar apoio e, sim, com o nosso tempo. Construir uma academia verdadeiramente cooperativa em vez de cumprir mesquinhamente as demandas de "entrega" para gerar currículo é algo que envolve não apenas trabalho, mas generosidade de espírito e disposição de expor as próprias fraquezas. Este é um livro que combina elementos de um manifesto radical e de um manual de autoajuda, ao mesmo tempo que faz uma pequena ode à amizade intelectual. É um trabalho que traz encorajamento mais do que reprimendas e que tem na sua própria existência um exemplo daquilo que recomenda.

Quando foi lançado pela primeira vez, no primeiro semestre de 2016, *Professor sem Pressa* teve uma recepção calorosa, recebendo mais resenhas e críticas positivas do que as autoras e a editora pareciam esperar. Previsivelmente, também, tanto o argumento apresentado por Berger e Seeber quanto o seu sucesso despertaram comentários sarcásticos à boca pequena sobre "o *mimimi* dessas acadêmicas privilegiadas reclamando de ter que dar duro no trabalho", embora na verdade, quando nos convidam a refletir melhor sobre o que de fato tem valor em nossas práticas de ensino, pesquisa e cooperação acadêmica, o que as autoras propõem é possivelmente uma ética mais árdua, e não menos, se comparada aos imperativos convencionais de construção de carreira. (E quero deixar claro que provavelmente nunca vou descobrir se esta Apresentação gerou uma nova onda de sarcasmo semelhante na Internet, já que constatei há muito tempo que não ler *threads* desse tipo e caixas de comentários é uma das maneiras mais fáceis de poupar tempo e de evitar o desalento completo com os rumos da humanidade.)

Professor sem Pressa é atraente por ser um livro curto, mas eu deixo aqui um pedido para que você não o leia muito depressa. E não se limite simplesmente a ler, mas empreste-o para os amigos, converse sobre ele com as pessoas, tente implementar as mudanças que as autoras sugerem. Sem pressa...

Stefan Collini

Prefácio à edição brasileira

"Não tenho tempo." É o que mais ouço de colegas que permanecem no ensino superior. Está longe de ser a única, mas é a queixa mais recorrente desses profissionais que não são vistos (e frequentemente não se veem) como trabalhadores, já que, entre outras características, não "produzem" algo palpável e o fazem em qualquer lugar – além de muitas vezes se supor que a carreira acadêmica seja o casamento perfeito entre obrigação e devoção. Talvez por isso ela seja uma das profissões cujo trabalho mais se mensura e quantifica. As universidades – sobretudo as públicas – e as agências governamentais de fomento (como o CNPq e as fundações estaduais de amparo à pesquisa) desenvolveram uma traquitana de distribuição de sofrimento que exige que o corpo docente não "dê aula" apenas, mas que lecione disciplinas eletivas além das que ministra, que oriente (várias) monografias, dissertações e teses, que participe de bancas (de monografias, dissertações, teses e concursos diversos, em especial os de seleção de outros professores), seminários, congressos, encontros e simpósios (inclusive no exterior); integre ou lidere grupos de pesquisadores, emendando ou coordenando um projeto atrás do outro; engaje-se na extensão universitária, orientando ou coordenando iniciativas nessa frente; publique regularmente em periódicos indexados nacionais ou internacionais; capte financiamento (estatal ou privado); curse o(s) pós--doutorado(s), preferencialmente no exterior (leia-se Europa e Estados Unidos); siga rigorosamente os ritos burocráticos, entregue-se com muito afinco aos (en)cargos administrativos e às incontáveis, demoradas e frequentemente inócuas reuniões, além das obrigações regulares da função, como preparar as aulas, "corrigir" as "provas" e os "trabalhos", manter-se atualizado com a bibliografia e com os debates teóricos de sua área de especialização e atender os alunos em suas dúvidas e demandas individuais. Com tantas tarefas, é compreensível que nenhum – ou quase nenhum – professor jamais tenha tempo. Pelo menos para o que importa.

É certo que, para quem, no Brasil, vê de fora as instituições de ensino superior, nada disso parece muito extenuante, degradante ou opressivo. Afinal, ser professor é "vocação", "sacerdócio", "doação", não é? E, se comparado com a média do trabalhador brasileiro, o docente das universidades federais e estaduais tem o conforto da estabilidade num emprego limpo e exclusivamente intelectual, a garantia do amparo financeiro na velhice e um salário que, bem ou muito bem, o mantém na classe média – ao contrário de seus colegas do ensino básico estadual e municipal, em grande parte precarizados por não serem efetivados em concursos, ameaçados por programas de privatização agora em desabrido andamento e remunerados com salários aviltantes, sem contar a insalubridade (predial e emocional) da esmagadora maioria de nossas escolas públicas (alvos prioritários, por exemplo, e sintomaticamente, de atentados). Nesse contexto, a carreira acadêmica parece um privilégio, um acidente de luxo ou um "mérito" reservado àqueles que, desde a graduação, olimpicamente se prepararam para ensinar e pesquisar em instituições universitárias.

Ledo engano. Como eu já disse, a universidade é uma gestora de sofrimento. E não estou exagerando. Nas instituições privadas, o professor é um "dador de aula", com turmas cada vez maiores e remuneração cada vez menor. Para não empobrecer, precisa acumular o maior número possível de horas nas classes presenciais ou virtuais – sendo estas últimas um bom negócio para as universidades ou faculdades particulares (que são a maioria...), pois os custos de produção e manutenção correm por conta e risco do docente. Não por acaso, a atuação das particulares na produção científica é mínima, se comparada com a das públicas[1]. Nestas últimas, além de tudo que elenquei antes, há as disputas internas, a concorrência estimulada pela lógica da competição (sim, numa instituição pública,

---

[1] Ver a respeito a matéria "15 universidades públicas produzem 60% da ciência brasileira", *Jornal da USP*, 5 set. 2019. Disponível em https://jornal.usp.br/universidade/politicas-cientificas/15-universidades-publicas-produzem-60-da-ciencia-brasileira/. Acesso em 16 out. 2024.

que não visa o lucro...) e, o pior de tudo, a introjeção e naturalização da produtividade como um imperativo moral. Em outras palavras, o maior insulto que se pode dirigir a um docente universitário federal ou estadual, hoje, é "improdutivo" – se preferirmos um termo elegante – ou "vagabundo" – como é mais comum nesse esporte amplamente praticado na academia, índice de sua toxidade: falar mal do colega. Para que não reste dúvida, digo de outra forma: o acadêmico se sente continuamente culpado por não produzir continuamente. Por isso, produz continuamente – inclusive nas férias. E não basta ser produtivo. Tem que parecer que é.

Está aí a explicação para a falta de tempo do professorado universitário, constrangido a mostrar serviço pelo menos desde os tempos do governo Collor, quando o Estado brasileiro passou a adotar a lógica neoliberal da flexibilização e da redução de custos. Desde então, a universidade pública se vê na obrigação de se justificar – também continuamente –, sempre sob a ameaça da privatização ou da cobrança de mensalidade. O papel da gestão universitária é o de fazer a traquitana funcionar, extraindo o máximo possível de números positivos que aplaquem o furor dos pagantes de impostos, indignados com o "desperdício de dinheiro público". Não que as instituições públicas de ensino superior não devam prestar contas do que gastam e dar visibilidade ao que fazem. Mas esse princípio foi distorcido de tal modo que prioridade não é a "contribuição real da pesquisa realizada – quer para a sociedade, quer para o mundo acadêmico –", mas o "impacto quantitativo no currículo do professor e no programa de pós-graduação no qual atua"[2]. Assim, porque tem que mostrar serviço, o professor universitário tem que produzir muito – e muito rápido. Claro que isso compromete a qualidade, pois o trabalho intelectual talvez seja um dos últimos realmente artesanais. E, por isso, lento. É preciso amadurecer as ideias, pô-las à prova inclusive num diálogo franco, aberto e enriquecedor com os colegas – algo cada vez mais raro na academia –, perder o medo de errar, compartilhar angústias e expectativas, e sobretudo recuperar a alegria do conhecimento, incompatível com ambientes individualistas e competitivos, alimentados pela egolatria dos que acumulam titulações e

---
[2] Izabel Cristina Ferreira Borsoi, "Trabalho e produtivismo: saúde e modo de vida de docentes de instituições públicas de ensino superior", *Cadernos de Psicologia Social do Trabalho*, São Paulo, 2012, v. 15, n. 1, p. 89.

feitos numa instituição em que "sobem" mais os que sofrem mais, ou que mais fazem sofrer. Disso não há de sair coisa boa.

Passei alguns anos insistindo com editores brasileiros que publicassem *Professor sem Pressa*. Até que Paulo Tadeu, da Matrix, topou a empreitada. E aqui está o livro. Qualquer docente universitário destes Brasis se reconhecerá nestas páginas, mesmo que elas tenham sido escritas no rico e gélido Canadá, terra da promissão civilizacional, onde correm o leite e o mel do bem-estar social e, portanto, de uma universidade de alta performance, acima das mazelas primitivas de suas congêneres terceiro-mundistas (mas é claro que elas não têm escrúpulos em abrigar os melhores "cérebros" que nascem e crescem aqui...). Outro ledo engano. Lá a academia padece dos mesmos problemas, claro que com as particularidades dela. Maggie Berg e Barbara K. Seeber "descobriram" que podem fazer melhor fazendo devagar – e juntas, o que é mais importante. Não são piores professoras por serem melhores lentas. Elas dizem, talvez numa tática publicitária, aplicar aqui a filosofia do *slow food*. Mas é mais que isso. Trata-se de resistir à aclimatação acadêmica do "privilégio da servidão", conforme a genial expressão criada por Ricardo Antunes[3]. Ainda que (por enquanto) a uberização não tenha alcançado, na docência universitária, ao menos as proporções que ela assumiu em outras profissões, impera na academia a mesma avidez pelo volume de entrega – seja de diplomados para o (cada vez mais precarizado) mercado de trabalho, seja de patentes para a indústria, seja de atendimentos nos hospitais universitários, seja de *papers* em periódicos científicos, seja de aulas, seja de equipamentos e eventos culturais, seja de ações extensionistas, seja de custos menores para continuar pública. A lucidez das autoras não deixa dúvida quanto ao que elas pensam de tudo isso: "Se adotar uma abordagem exclusivamente objetificante do pensamento intelectual, eu passo a funcionar maquinalmente. E, transformando-me numa máquina, eu me torno um sujeito do neoliberalismo". Contudo, a introjeção do moralismo hiperprodutivista é tão radical – ao menos no Brasil – que até docentes que se opõem conscientemente à razão neoliberal se entregam a ela feito pretendentes da própria aniquilação. Isto é, mesmo a crítica anticapitalista pode se tornar uma *commodity* do

---

[3] Ricardo Antunes, *O privilégio da servidão: o novo proletariado de serviços na era digital*, 2ª ed., São Paulo, Boitempo, 2020.

capitalismo acadêmico, agora passível de ser turbinada também por *likes* e visualizações nas redes sociais.

Encerro, porém, com uma nota pessimista, se o leitor me permitir o atrevimento: não creio, dada minha longa experiência (juntando meus anos de graduação, pós-graduação e docência), em autotransformação da universidade. Para que se torne outra, como propõe Pedro Demo[4], a sociedade que a engendra também terá que ser outra. De preferência, radicalmente melhor. Em nosso atual horizonte de expectativas decrescentes, entretanto, parece difícil divisar qualquer coisa próxima disso. Tomara que eu não esteja enxergando bem.

Joaci Pereira Furtado
Doutor em História Social pela USP e ex-professor do Departamento de Ciência da Informação da Universidade Federal Fluminense.

---

4 Pedro Demo, *Outra universidade*, Jundiaí, Paco, 2011.

Prefácio

> A civilização ocidental nos ensina que se mostrar sempre
> atarefado é algo útil e que causa boa impressão.
> Robert Boice, em *First-Order Principles for College Teachers*[5]

> Momento a momento, quando temos pressa, nós simplesmente não estamos
> sendo as pessoas que somos capazes de ser.
> Hillary Rettig[6]

*P*rofessor sem Pressa bebe em muitas fontes. Nós buscamos referências na literatura sobre a corporativização da educação superior, em estudos empíricos que documentam os efeitos danosos do estresse e do isolamento sobre a saúde física e psicológica, no discurso popular de autoajuda que enfatiza a importância de buscar o equilíbrio entre trabalho e vida pessoal e, obviamente, nos textos fundamentais do Movimento Slow. Todas essas escolas de pensamento nos renderam muitos aprendizados, e, embora o nosso livro partilhe algumas características delas, ele traz uma mistura única de preocupações filosóficas, políticas e pragmáticas. É um livro mais otimista do que os trabalhos sobre a corporativização das universidades,

---

5 Em tradução literal: "Princípios de primeira ordem para professores universitários", p. 38. N. T.
6 Rettig, 2011, p. 74.

com mais viés político e perspectiva histórica do que a autoajuda e mais focado na academia do que a literatura que trata de estresse e do que o Movimento Slow. Na verdade, este é o primeiro livro lançado até hoje que procura estender os princípios da filosofia Slow para a vida acadêmica.

Nós duas somos críticas literárias, e escrever este livro nos empurrou para fora da nossa zona de conforto. Foi um trabalho que exigiu que desaprendêssemos partes do nosso treinamento acadêmico e que, ao fazer isso, paradoxalmente, abriu espaço para que nos recordássemos de aspectos fundamentais da vida acadêmica que estão em risco de entrar em extinção. A proposta do livro é sustentada por estudos empíricos realizados em campos como sociologia, medicina, ciência da informação e estudos do trabalho, além de ser baseada também em nossa experiência pessoal. Embora tenhamos muitas vezes nos preocupado com a possibilidade de o livro ficar pessoal demais, nós percebemos que incluir os depoimentos era crucial para o projeto e estava intrinsecamente ligado ao seu caráter político. Magda Lewis, em seu artigo "More Than Meets the Eye: The Under Side of the Corporate Culture of Higher Education and Possibilities for a New Feminist Critique"[7], nos lembra que relatos de casos pessoais são "um pré-requisito fundamental para desenvolver novos entendimentos ligados ao funcionamento de discursos políticos e estruturas mais amplas"[8]. O propósito dos depoimentos, portanto, não é expor "características individuais", e sim "amplificar o contexto político que torna tais eventos possíveis e [...] lançar a base sobre a qual possa se iniciar um debate coletivo a respeito da atual vida social, política e intelectual nos meios acadêmicos"[9]. Ademais, como indica um artigo recente no portal on-line *Guardian Higher Education Network*, "enquanto os relatos pessoais se multiplicam, o tema da saúde mental na academia é pouco pesquisado e os dados concretos são escassos"[10]. Assim, em vista dessa "escassez" de "dados concretos", as narrativas pessoais podem servir para orientar o nosso pensamento sobre o tema, as nossas ações e novas pesquisas futuras. Nós aprendemos a lição com o comentário de Marc Bekoff a respeito da ciência

---

7 Em tradução literal: "O que os olhos não veem: o lado oculto da cultura de corporativização na educação superior e possibilidades para uma crítica neofeminista". N. T.
8 Lewis, 2005, p. 12.
9 Lewis, 2005, p. 15.
10 Shaw; Ward, 2014.

emergente que estuda o comportamento animal: "O plural de 'depoimentos pessoais' é 'dados'"[11]. Os depoimentos não apenas refletem o nosso ponto de vista feminista e o estado atual da pesquisa sobre o tema, como também buscam lançar uma luz sobre experiências que acreditamos ser frequentes na vida acadêmica, embora não reconhecidas. Como faz o livro de Stefan Collini, *What Are Universities For?*[12], que nós admiramos imensamente, nosso trabalho tem a esperança de "levar quem o lê a prestar atenção e reconhecer uma questão que até aqui vem sendo negligenciada, descrita equivocadamente, subestimada ou suprimida". E, da mesma maneira que Collini, nós acreditamos que "o processo de reconhecimento é sempre em parte a evocação de algo que a pessoa leitora, de uma forma ou de outra, já sabe"[13]. Nossos relatos pessoais, portanto, servem de complemento para os dados consolidados que vêm se acumulando e para o propósito mais amplo do nosso livro, que é fomentar uma discussão mais aberta a respeito das maneiras como a corporativização da universidade tem afetado a nossa prática profissional e o nosso bem-estar.

Nós esperamos que este livro faça as vezes de uma intervenção. Em razão desse objetivo, com frequência o tom que adotamos é o de um manifesto. Em determinadas passagens, optamos deliberadamente por uma abordagem esquemática, identificando em termos mais amplos as forças em atuação no ambiente universitário contemporâneo que comprometem os propósitos tradicionalmente estabelecidos da educação superior, ao mesmo tempo que sugerimos um modelo de resistência. *Professor sem Pressa* é um chamado à ação, e, como tal, um livro idealista por sua própria natureza. Tendo nascido de um trabalho de pesquisa acadêmica consistente tanto quanto de nossas reflexões pessoais, o Manifesto do Professor sem Pressa que anexamos a este Prefácio traz, de forma condensada, uma contraidentidade que podemos adotar em reação à figura do professor cerceado, controlado, frenético, estressado e desmoralizado, que é produto da corporativização da educação superior.

Foi uma escolha cuidadosa da nossa parte fazer com que este livro não se tornasse um calhamaço de 300 páginas escrito em *academiquês,* que provavelmente nossos colegas estariam ocupados demais para ler. Nossa

---

11 Bekoff, *Animal Studies Reader,* 2007, p. 76.
12 Em tradução literal: "Para que servem as universidades?" N. T.
13 Collini, 2012, p. xiii.

premissa fundamental foi cuidar para que *Professor sem Pressa* fosse um livro útil, acessível para pessoas de diversas disciplinas e com propostas assertivas. Embora estejamos cientes das desigualdades sistêmicas no meio universitário, a abordagem Slow é potencialmente relevante para todo o espectro dos cargos acadêmicos. Aquelas pessoas que, como nós, têm posições catedráticas e cargos efetivos, em razão da proteção de que desfrutam, têm a obrigação de tentar melhorar da maneira como puderem o ambiente de trabalho de todos nós. Nossa preocupação é que os parâmetros comecem a ficar mais exigentes a cada nova geração de docentes, portanto este livro também se dirige aos estudantes de pós-graduação.

O Manifesto do Professor sem Pressa

Nós somos Professores sem Pressa. Acreditamos que adotar os princípios da Filosofia Slow na nossa prática profissional é uma maneira eficiente de aliviar o estresse laboral, preservar a educação humanista e resistir à aplicação da lógica corporativa nas universidades. O Movimento Slow – que teve sua origem no princípio do Slow Food – vai contra o ritmo frenético e a padronização da cultura contemporânea. Embora a tendência da desaceleração já tenha sido adotada na arquitetura, na vida urbana e nas relações pessoais, esse movimento ainda não encontrou espaço nos ambientes educacionais. Ainda assim, se há um setor da sociedade que deveria cultivar a reflexão aprofundada e sem pressa, esse setor é o dos professores universitários. A corporativização vem impactando a vida acadêmica e acelerando os relógios. A universidade empresarial se preocupa acima de tudo com a eficiência, o que resulta numa corrida contra o relógio e numa sensação de desempoderamento da parte de nós que estamos submetidos a ela. Abordar a questão do estresse entre docentes não é mero mimimi; *deixar* de falar sobre ela é entrar no jogo do modelo corporativista.

Na universidade corporativizada, o poder passa das mãos de docentes para as dos gestores, as justificativas econômicas imperam e a conhecida "margem de retorno" eclipsa as preocupações pedagógicas e intelectuais. Professores sem Pressa defendem a ação ponderada no lugar da aceleração. Nós precisamos ter tempo para pensar, e os nossos alunos também. Tempo para a reflexão e para o pensar exploratório não é um luxo, mas algo crucial para a nossa atividade profissional.

Há uma linguagem de crise dominante na literatura que se produz sobre a universidade empresarial, incitando os acadêmicos a tomar alguma atitude antes que seja tarde demais. Nós temos uma postura mais otimista – acreditamos que já existe um movimento de resistência, e ele está bem presente. Nós vislumbramos Professores sem Pressa agindo resolutamente e cultivando a resiliência emocional e intelectual. Ao reservar tempo para a reflexão e para o diálogo, *Professor sem Pressa* resgata a vida intelectual da universidade.

Introdução

> A caricatura do professor como aquela pessoa bonachona, com um ar permanentemente perplexo e tempo de sobra nas mãos, corresponde tanto à realidade de hoje em dia quanto à imagem do repórter de jornal que, com o distintivo de agente de imprensa preso à fita do seu chapéu fedora, expõe as falcatruas dos malfeitores.
> Pocklington e Tupper[14]

Este livro se originou de uma série de conversas telefônicas sobre como lidar com nossos trabalhos no meio universitário. Ter lido o e-mail enviado às 22h45 pelo chefe de departamento somente na manhã seguinte lançou uma de nós numa espiral de culpa por não estar se mostrando suficientemente esforçada. O pedido (de última hora) para eliminar ensaios passíveis de concorrer a um prêmio que seria concedido dentro de dez dias suscitou uma discussão entre nós sobre quando pode ser OK dizer "não". A leitura de *Devagar: Como um Movimento Mundial Está Desafiando o Culto da Velocidade,* de Carl Honoré, transformou o nosso desejo de uma rotina menos atribulada em um compromisso filosófico e político para mudar a percepção que temos sobre o tempo. Honoré documenta os benefícios de estender os princípios do movimento que nasceu com o Slow Food para

---
[14] Pocklington; Tupper 2002, p. 51.

outras áreas de nossas vidas, como arquitetura, medicina, sexo, trabalho, lazer e criação de filhos. E a decisão dele de incluir no último capítulo do seu livro citações de uma carta aberta escrita pelo reitor Harry Lewis aos alunos de Harvard com o título "Calma Lá: Como Aproveitar Melhor Harvard Fazendo Menos"[15] nos deixou com um gosto de "quero mais". As nossas conversas por telefone foram ficando mais animadas à medida que nós duas começamos a pensar em estratégias para driblar o estresse por causa da rotina corrida, que iam desde checar os e-mails apenas ao meio-dia até repensar o que queríamos dizer com "abrangência" ao fazer um planejamento de curso. A coisa seguiu desse jeito até o dia em que uma de nós, rindo, comentou que "deviamos escrever isso tudo" e a outra respondeu com um "é verdade, deviamos mesmo".

Enquanto bancávamos incansavelmente a terapeuta uma da outra, nos deparamos com o primeiro levantamento nacional sobre estresse ocupacional, feito pela Associação Canadense dos Professores Universitários (CAUT) em 2007. Os resultados – que podem ser considerados estatisticamente representativos[16] – reúnem respostas de 1.470 docentes de cinquenta e seis universidades em todo o território canadense e corroboram os achados de estudos anteriores feitos no Reino Unido e na Austrália. Ironicamente, teve um efeito libertador descobrir por meio da pesquisa australiana que os níveis de estresse no meio acadêmico são maiores do que entre a população geral[17]. Isso nos fez perceber que não estávamos sozinhas. Os dados sobre o impacto significativo do estresse na saúde física e psicológica são especialmente chamativos: "Um número relativamente alto [...] teve ocorrências substanciais de sintomas físicos (22,1%) e psicológicos (23,5%) e relatou ter usado algum medicamento relacionado ao estresse (21,8%) ao longo do último ano"[18]. Embora tenha havido diferenças dependendo do gênero, idade, nível hierárquico, situação empregatícia e idioma, o estudo conclui que os níveis de estresse em geral são "muito altos"[19]. Então a questão não era, afinal de contas, que nós duas seríamos frágeis demais ou que não tivéssemos o perfil adequado

---

15 Lewis citado por Honoré, 2004, p. 246-8.
16 Catano *et al.*, p. 8.
17 Catano *et al.*, p. 7.
18 Catano *et al.*, p. 22.
19 Catano *et al.*, p. 38.

para a profissão. Ter acesso a essa pesquisa foi como abrir uma janela. Nós paramos de perguntar "o que está errado conosco?" para passar a questionar: "O que está errado com o sistema acadêmico?".

Essa mudança não aconteceu da noite para o dia. Ingressar em uma carreira acadêmica inclui abraçar uma cultura de individualismo científico e maestria intelectual, e admitir que estávamos passando por dificuldades parecia um tremendo arranhão no nosso senso de identidade profissional. O meio acadêmico como um todo se mostra reticente para reconhecer o problema do estresse; voltar o foco para o corpo e as emoções é remar contra a corrente em uma instituição que cultua a mente e o raciocínio. Ademais, a percepção popular há muito arraigada dos professores como uma classe de boas-vidas deu origem a uma cultura defensiva baseada na culpa e no excesso de trabalho. Nós vivemos atarefados para combater a clássica alegoria da universidade como uma torre de marfim. Quantos de nós já não estivemos a ponto de surtar na fila do supermercado ao ter de explicar pela milésima vez que "não, nós não temos três meses de férias no verão"? Muita gente de fora do meio acadêmico concordaria com a definição do Inspetor Morse de que, "uma vez acolhido no seio da universidade […], você fica preservado, tal qual a Bela Adormecida em seu caixão de vidro, numa redoma de ar-condicionado e álcool. O envelhecimento deixa de existir". Quem dera. A imagem do professor boa-vida é propagada ativamente; segundo o portal CareerCast – num ranking que foi amplamente divulgado na grande mídia –, a carreira de professor universitário foi apontada como a menos estressante de todas em 2013 e a quarta menos estressante em 2014. Quando a verdade, como resume William Deresiewicz, é que "a mão de obra acadêmica está se tornando igual à força de trabalho de qualquer outro setor da economia norte-americana: amedrontada, oprimida, dócil, desempoderada", mas "o estereótipo do professor universitário boa-vida, como o da 'dona de casa que mama nas tetas do Estado'[20], é um mito que tem sua utilidade política".

No contexto mundial da atualidade, no qual as universidades se veem mais do que nunca pressionadas a justificar a própria existência, levantar a questão do estresse entre os professores pode soar como autoindulgência. E, de fato, tivemos colegas que nos disseram para parar de choramingar, ao

---

20 Da expressão original *welfare queen,* popularizada nos Estados Unidos durante a era Reagan. N.T.

passo que outros descreveram o nosso projeto como ousado. Essas respostas tão díspares dão voz a uma contradição interna presente em nós, docentes. Ter uma carreira acadêmica traz privilégios que não são desfrutados pela maior parte dos profissionais de outros setores: a estabilidade no emprego garantida pelo sistema de cargos efetivos; a flexibilidade de horários e a variação no ritmo de trabalho no decorrer dos períodos acadêmicos; e a oportunidade para pensar, criar e transmitir o nosso entusiasmo a outras pessoas. Nós decidimos nos tornar professoras por causa da alegria da descoberta intelectual, da beleza dos textos literários e do potencial radical de gerar ideias novas. Esses ideais continuam sendo alcançáveis, mesmo na universidade acossada como está hoje em dia, muito embora a crescente precarização do trabalho acadêmico faça com que, para a maioria de nós, seja mais difícil concretizá-los. Até mesmo os privilégios de um cargo efetivo têm um lado negativo. E a flexibilidade de horários pode se traduzir em passar o tempo todo trabalhando, em especial porque, pela sua própria natureza, o trabalho acadêmico nunca se conclui.

Os comentários que fazemos nos textos entregues pelos alunos sempre poderiam ser mais completos; o nosso conhecimento da literatura especializada sempre poderia estar mais atualizado; e os nossos livros sempre poderiam ser mais abrangentes. E essa lista de autoexigências é potencializada pelas pressões externas de uma cultura acadêmica em mutação. Nas últimas duas décadas, o nosso trabalho mudou por causa do aumento de contratos temporários, do maior número de alunos por turma, do maior uso da tecnologia, do repasse de tarefas administrativas para os docentes e da transição para o modelo gerencialista – tudo isso parte do processo de corporativização da universidade. Como o protagonista do romance de David Lodge ambientado num *campus* universitário, *Surdo Mundo,* explica para a aluna que reclama que o seu orientador nunca está disponível: "Ele provavelmente só não tem tempo [...] Deve estar muito ocupado indo a reuniões, preparando orçamentos, preenchendo avaliações de desempenho dos funcionários e fazendo todas as muitas outras coisas que os professores têm para fazer hoje em dia no lugar de pensar"[21]. A leitura de *Surdo Mundo* mostra um contraste edificante em relação ao tom festivo das tramas universitárias anteriores

---

[21] Lodge, 2008, p. 94.

do mesmo autor (*Changing Places*, de 1975, *Small World*, de 1984, e *Nice Work*, de 1988[22]). Em um artigo publicado no *Guardian*, Aida Edemariam lança a questão de por que os ditos "romances universitários" satíricos começaram a rarear desde a década de 1980. "Talvez eles fossem todos elegias a um determinado ideal de *campus*", diz Howard Jacobson. "E o *campus* universitário tornou-se um lugar trágico", ele acrescenta. Nos tempos áureos das tramas literárias ambientadas na universidade, "havia lugar para o tom farsesco", explica A. S. Byatt, porque as universidades eram locais intensamente carregados de esperança, ao passo que "hoje estão acuadas e acovardadas e subfinanciadas e superescrutinadas e superburocratizadas"[23].

Quanto mais refletíamos sobre as ligações entre as nossas experiências pessoais e os resultados da pesquisa da CAUT sobre estresse ocupacional, mais nos certificávamos de que o bem-estar individual dos professores tem efeitos muito abrangentes. Nós acreditamos que nossa decisão de voltar o foco para a figura do docente não é meramente uma questão de egocentrismo. É mais do que sabido que o estresse é ruim para o indivíduo e tem consequências danosas para a sociedade. Os efeitos prejudiciais do estresse para o nosso bem-estar, nossa saúde e nossas comunidades estão amplamente documentados e hoje são reconhecidos pelo senso comum. Um ponto menos evidente é que tratar o estresse individual dos docentes gera ramificações políticas e educacionais. Este livro originalmente iria se chamar *The Slow Campus*[24], mas decidimos trocar para *Professor sem Pressa* para enfatizar o poder de agência individual dentro do contexto da instituição. Da mesma forma que o Movimento Slow Food resiste ao agronegócio, preferindo a produção em pequena escala, nós queremos resistir ao apagamento do papel do docente promovido pelo modelo corporativo. Na análise feita por Bill Readings sobre a universidade "pós-histórica"[25], é "o *administrador*, e não o professor", a "figura central" do que vem se tornando uma "corporação burocrática transnacional"[26]. William Deresiewicz chama isso de "elefantíase administrativa". De maneira

---

22 Esses três livros são conhecidos como "A Trilogia do Campus", de Lodge. Os dois primeiros foram lançados no Brasil como *Invertendo os Papéis* e *O Mundo É Pequeno*, respectivamente. O terceiro não teve edição brasileira. N. T.
23 Byatt citado por Edemariam, 2004, p. 34.
24 Algo como "A universidade sem pressa". N. T.
25 Readings, 1996, p. 6.
26 Readings, 1996, p. 3.

semelhante, em *The Fall of the Faculty: The Rise of the All-Administrative University and Why It Matters*[27], Benjamin Ginsberg escreve:

> Todos os anos, hordas de administradores e funcionários são incluídos nas folhas de pagamento das universidades, mesmo em meio à grita do setor sobre a crise orçamentária que os tem obrigado a reduzir o número de professores efetivados. O resultado disso é que as universidades estão tomadas por batalhões de funcionários – os vice-presidentes, vice-presidentes-adjuntos, vice-presidentes-assistentes, pró-reitores, pró-reitores-adjuntos, vice-reitores, pró-reitores-assistentes, decanos, *decanetes*, *decanilhos*, cada um desses com seu próprio quadro de asseclas e assistentes – que, cada vez mais, são aqueles que conduzem as operações de cada faculdade[28].

É especialmente chocante a análise feita por Ginsberg de planejamentos estratégicos de diversas universidades que, em vez de identificar pontos fortes específicos da instituição e apontar direcionamentos para o futuro, mostram-se praticamente idênticos entre si. Ele conclui que a questão "não é o planejamento, mas sim o processo"[29]: uma "reafirmação de liderança"[30] e a erosão do poder do corpo docente. O que conta é a *aparência* do processo. Stefan Collini comenta que "a falácia da prestação de contas" é a "crença de que reportar uma atividade no formato aprovado traz alguma garantia de que algo que tenha valido a pena foi feito adequadamente"[31]. Essa universidade macrocéfala leva Frank Donoghue, em *The Last Professor: The Corporate University and The Fate of the Humanities*[32], a falar do docente – ou seja, o professor que tem "autonomia de pensamento, cargo de titular e tempo suficiente para escrever e pesquisar, além de estar em

---

27 Em tradução literal: "Docência em queda: a ascensão da universidade puramente administrativa e por que isso importa". N. T.
28 Ginsberg, 2011, p. 2.
29 Ginsberg, 2011, p. 51.
30 Ginsberg, 2011, p. 49.
31 Collini, 2012, p. 108.
32 Em tradução literal: "Os últimos professores: a universidade empresarial e o destino das ciências humanas". N. T.

sala de aula"[33] – como um profissional prestes a "entrar em extinção"[34]. Donoghue especula que logo nós seremos todos "praticantes de docência", para usar o termo cunhado pelo Apollo Education Group, um dos maiores conglomerados empresariais de serviços educativos[35].

Um fio condutor surpreendente que une diversos estudos feitos sobre a universidade empresarial é a ênfase dada à ideia de que a mudança estaria nas mãos de cada professor, individualmente. Essa parece ser uma tentativa de nos devolver algum senso de agência em meio à burocratização potencialmente avassaladora. Se no seu *University Inc.*[36] Jennifer Washburn chega a sugerir a criação de políticas para "salvaguardar a autonomia das universidades"[37], ela afirma também que talvez ainda mais crucial seja a "disposição" individual dos professores para "se posicionar e defender os valores acadêmicos tradicionais"[38]. Bill Readings evita explicitamente propor mudanças nas políticas porque, no seu entender, isso serviria apenas para exacerbar o desequilíbrio de poderes da estrutura institucional já estabelecida. Ele deixa claro que suas observações são dirigidas aos professores, e não aos administradores, e que está falando para o "ambiente de ensino" (título de um de seus capítulos) e não para a sala da reitoria. O foco no âmbito pessoal que escolhemos adotar neste livro pode soar solipsista na atual atmosfera acadêmica, mas nós vemos a prática individual como um celeiro de resistência.

Além do mais, o estresse dos docentes afeta o aprendizado dos alunos. Nós sabemos por experiência própria que, quando entramos em sala de aula assoberbadas, com pressa e preocupadas, as coisas não correm bem; desse jeito fica mais difícil estabelecer uma conexão com o nosso material de ensino e com os alunos. E têm surgido dados consolidados que confirmam essa percepção. Em um estudo de 2008 relatado no *Journal of Educational Psychology* sobre "Bem-Estar Ocupacional dos Professores e Qualidade do Ensino", os pesquisadores concluem que "uma combinação de alto engajamento [...] com a capacidade de se distanciar emocionalmente do trabalho e lidar com as próprias falhas (resiliência) está associada

---

33 Donoghue, 2008, p. xi.
34 Donoghue, 2008, p. 135.
35 Donoghue, 2008, p. 97.
36 Em tradução literal: "Universidade S.A." N. T.
37 Wahsburn, 2006, p. 240.
38 Wahsburn, 2006, p. 240.

tanto com níveis elevados de bem-estar ocupacional (níveis de exaustão reduzidos, alta satisfação no trabalho) quanto com um melhor desempenho de ensino, o que por sua vez leva a resultados favoráveis por parte dos alunos"[39]. Ou seja, o bem-estar dos docentes está intrinsecamente ligado ao aprendizado dos alunos. Parece irônico, embora bem-vindo, o fato de que o estresse estudantil já seja plenamente reconhecido e abordado na atual conjuntura, enquanto os professores são deixados à deriva para lidar com as mudanças por conta própria – mentes mais cínicas podem estar se perguntando se esse não seria um quadro sintomático da ênfase dada à satisfação do cliente na universidade corporativizada. Um artigo de 2014 no *Guardian Higher Education Network*, intitulado "Dark Thoughts: Why Mental Illness is on the Rise in Academia"[40], mostra que pouca coisa mudou sete anos depois da pesquisa da CAUT, confirmando a alegação feita por Claire Shaw e Lucy Ward de que existe uma "cultura de resignação [...] em torno das questões relativas à saúde mental no meio acadêmico". As cargas de trabalho – em especial as "demandas aumentadas de entrega e produtividade" – inflaram em meio a um "ambiente acadêmico indiferente" aos docentes e pós-graduandos. A visão dos alunos como clientes, combinada a uma maior dependência da tecnologia, levou ao apagamento cada vez maior das fronteiras entre trabalho e vida pessoal, gerando demandas, como, por exemplo, "24 horas de prazo máximo para responder a questões enviadas por alunos".

Ao examinar os estudos sobre estresse na vida acadêmica, é impressionante constatar quantas das situações identificadas como fontes de estresse laboral estão ligadas à falta de tempo. No estudo original de Walter Gmelch, publicado pela primeira vez em 1984 e reproduzido em 1993, os dez maiores fatores de estresse mencionados pelos docentes, em ordem de importância, eram: 1) ter expectativas de desempenho excessivamente elevadas; 2) precisar garantir apoio financeiro para minha pesquisa; 3) ter tempo insuficiente para me manter atualizado sobre os avanços recentes na minha área; 4) receber um salário inadequado para suprir minhas necessidades financeiras; 5) preparar manuscritos para publicação; 6) sentir que tenho uma carga de trabalho pesada demais e que é impossível dar conta dela em um dia de

---

39 Klusmann *et al.*, 2008, p. 702.
40 Em tradução literal: "Pensamentos obscuros: por que os índices de doença mental estão disparando no meio acadêmico". N. T.

trabalho normal; 7) ter demandas de trabalho que interferem em atividades pessoais (lazer, família e outros interesses); 8) acreditar que o progresso na minha carreira não é aquilo que deveria ou poderia ser; 9) ser interrompido frequentemente por telefonemas e visitas não agendadas; 10) participar de reuniões que tomam tempo demais[41]. Pelo menos a metade desses itens (3, 6, 7, 9, 10) trata explicitamente da escassez de tempo. Em outros (1, 5, 8), o fator tempo está implícito na avaliação da produtividade: temer que a sua carreira não esteja evoluindo como deveria é o mesmo que sentir que não se está avançando depressa o suficiente.

Ao resumir os achados de um estudo de 1987 sobre o estresse no meio acadêmico, Peter Seldin observa, no tópico intitulado "Tarefas Demais, Tempo de Menos", que esse tema "encabeça a lista de situações de trabalho cronicamente relacionadas ao estresse"[42]. E a crise do tempo só piorou nas últimas duas décadas. Estudos mais detalhados e extensivos foram publicados em 2008, numa edição especial do *Journal of Human Behavior in the Social Environment* sobre níveis de estresse relacionado a questões ligadas ao tempo entre os docentes. Diversos dos autores que contribuíram com essa edição identificam novas fontes de estresse surgidas como resultado da rápida transformação do ambiente universitário. A lista inclui "transformações tecnológicas massivas" que levam a uma "sobrecarga de trabalho"; "ter atribuições sem limites claros"[43]; "expectativas autoimpostas" que se mostram "excessivamente altas"[44]; e "ambientes com decréscimo de recursos e pressão crescente para trabalhar com a maior eficácia possível"[45]. O relatório da CAUT observa que a visão geral a respeito da outrora cobiçada carreira acadêmica "com alto status social" mudou consideravelmente nos últimos vinte anos. Ao comentar sobre os estudos anteriores feitos na Austrália e no Reino Unido, a equipe da CAUT ressalta que fontes comuns de estresse, como "carga de trabalho, grau de dificuldade das tarefas e pressões ligadas ao tempo", tendem a ser "agravadas pela reestruturação administrativa, uso de contratos de curto prazo, escrutínio e prestação de contas a agentes externos e restrições orçamentárias significativas"[46]. A questão que mais se destaca nos

---

[41] Gmelch, 1993, p. 21-24.
[42] Seldin, 1987, p. 15.
[43] Miller *et al.*, 2008, p. 3, 6 e 12.
[44] Lindholm e Szelényi, 2008, p. 20.
[45] Buckholdt e Miller, 2008, p. 221.
[46] Catano *et al.*, 2015, p. 7.

"Achados Principais" do estudo é o tempo: "O equilíbrio entre trabalho e vida pessoal foi o parâmetro ligado ao estresse mais consistente para a prevalência da baixa satisfação com o trabalho e de sintomas negativos de saúde"[47]. A falta de tempo, em outras palavras, tem consequências graves. Como diz Mark C. Taylor, a "Velocidade Mata"[48], em artigo que recebeu esse título, e as vítimas são numerosas: "À medida que a aceleração se acelera ainda mais, indivíduos, sociedades, economias e até mesmo o meio ambiente se veem à beira do colapso[49]".

Se muito vem sendo escrito sobre a corporativização da universidade, o efeito que esse novo modelo tem sobre o uso do tempo é um tema que ainda carece de maior atenção: a corporativização levou à padronização da aprendizagem e a uma sensação de urgência. Como observa Bill Readings em seu livro *The University in Ruins*[50], educação hoje é "a passagem da ignorância para a erudição dentro de uma janela específica de tempo" (aquela que seja a mais breve e padronizada possível); "o ensino está reduzido" a "horas creditadas"; e o "'tempo estimado de conclusão' é hoje apresentado como o critério universal de qualidade e eficiência na educação"[51]. Frank Donoghue afirma que "categorias mercadológicas como produtividade, eficácia e excelência competitiva, no lugar de inteligência ou erudição, já são o que move [...] o mundo acadêmico"[52]. Os valores da produtividade, da eficácia e da competitividade têm o tempo como fator em comum. Produtividade é realizar um número de tarefas dentro de uma unidade determinada de tempo; eficácia tem a ver com dar conta das coisas rapidamente; e competitividade, em parte, é lançar as suas realizações no mercado antes que outro o faça. A corporativização, em suma, acelerou o relógio da universidade. Para além disso, Stefan Collini, entre outros, chama atenção para a forma prejudicial como "excelência" é visto como "estar sempre em movimento" na cultura acadêmica de hoje: "Os critérios precisam sempre ser 'empurrados para cima'"; "As referências existem para ser superadas"[53]. É dificílimo resistir

---

47 Catano *et al.*, 2015, p. 6.
48 "Speed Kills", título original do artigo. N. T.
49 Taylor, 2014.
50 Em tradução literal: "A universidade em ruínas". N. T.
51 Readings, 1996, p. 127-128.
52 Donoghue, 2008, p. xviii.
53 Collini, 2012, p 109, 18.

à mentalidade eternamente *para o alto e avante* das universidades: "o 'excelente' precisa tornar-se 'ainda mais excelente', sob pena de acabar exposto como complacente, retrógrado ou alguma outra coisa igualmente escandalosa"[54]. Recorrendo ao exemplo de uma universidade britânica que publicou um anúncio em busca de um administrador capaz de levar a instituição "além da excelência", Collini ressalta que "a noção de 'aprimoramento contínuo' é conceitualmente incoerente"[55].

O que está em jogo com isso tudo é bem sério. Na frase de abertura do seu livro-manifesto *Not for Profit: Why Democracy Needs the Humanities*[56], Martha C. Nussbaum afirma que "Nós estamos em meio a uma crise de proporções imensas e de grave relevância mundial"[57]. O livro *Ivory Tower Blues*[58], de James E. Côté e Anton L. Allahar, tem como subtítulo "Um sistema universitário em crise". Segundo a estimativa de Ginsberg, a "proliferação maligna"[59] da universidade puramente administrativa está em estágio avançado: "Algumas faculdades e universidades talvez ainda possam ser salvas, mas eu temo que para a maior parte das instituições já seja tarde demais"[60]. Henry A. Giroux, no seu trabalho *The University in Chains: Confronting the Military-Industrial-Academic Complex*[61], traz mais um diagnóstico alarmista: os "ataques" à educação superior, ele afirma, "são muito mais abrangentes e, na minha estimativa, muito mais perigosos do que a campanha macartista de algumas décadas atrás"[62]. Frank Donoghue aponta a onipresença da linguagem da crise. Nós também questionamos a linguagem da crise, mas por razões diferentes das de Donoghue, que "pensa que os professores das ciências humanas já perderam a capacidade de resgatar a si próprios"[63].

A nossa abordagem é mais otimista. Depois que Martin Parker e David Jary declararam, em 1995, que a educação superior agora acontece numa "McUniversidade", caracterizada por seu "uso do aluno/cliente como um

---

54 Collini, 2012, p. 109.
55 Collini, 2012, p. 109 e 110.
56 Em tradução literal: "Sem fins lucrativos: por que a democracia precisa das ciências humanas". N. T.
57 Nussbaum, 2010, p. 1.
58 Em tradução literal: "Blues da torre de marfim". N. T.
59 Ginsberg, 2011, p. 203.
60 Ginsberg, 2011, p. 39.
61 Em tradução literal: "Universidade acorrentada: confrontando o complexo militar-industrial-acadêmico". N. T.
62 Giroux, 2007, p. 179.
63 Donoghue, 2008, p. xi.

aparato alternativo de vigilância"[64], tem havido um movimento de resistência à pervasividade do poder gerencialista e dos valores corporativos. Em 1997, Craig Prichard e Hugh Willmott identificaram, em seu artigo "Just How Managed Is the McUniversity?"[65], "algumas das contradições e conflitos que tornam essa grande transição instável, parcial e de maneira nenhuma inevitável"[66]. Os "discursos e práticas imperializantes" de gestão "deparam-se com localidades onde com frequência vê-se pouco entusiasmo pela ideia de mudar tradições estabelecidas" por parte daqueles que estão sendo ostensivamente geridos[67]. Em 2001, Jim Barry, John Chandler e Heather Clark afirmaram que "a noção de resistência [...] foi subestimada"[68], e o estudo de caso que conduziram em duas universidades britânicas concluiu que o "gerencialismo não está completamente consolidado na vida universitária":

> Em face das pressões dos níveis mais altos dentro das próprias universidades e de fontes externas a elas, os nossos acadêmicos e administradores *buscam* criar relações de apoio mútuo enquanto *resistem* à imposição do controle de maneiras variadas[69].

E, em 2012, Joëlle Fanghanel nos oferece este potente lembrete: "Os papéis na academia [...] são construídos e ocupados a partir da lida com tensões entre estruturas, com as comunidades nas quais a prática acontece e com o posicionamento dos próprios acadêmicos em relação a essas estruturas. A complexidade e a diversidade emergem tanto das condições estruturais nas quais os acadêmicos realizam seu trabalho (instituições, enquadramentos políticos, convenções acadêmicas) quanto das maneiras específicas pelas quais eles respondem individualmente a essas condições (o seu posicionamento como agentes em relação a elas, e suas crenças pessoais a respeito da educação e da empreitada acadêmica)"[70]. E todos esses pesquisadores identificam um espaço que – citando Barry *et al.* – se situa "entre a Torre de Marfim

---

64 Parker; Jary, 1995, p. 326.
65 Em tradução literal: "Quanto de gerencialismo há na McUniversidade?" N. T.
66 Prichard; Willmott, 1997, p. 287.
67 Prichard; Willmott, 1997, p. 313.
68 Barry *et al.*, 2001, p. 87.
69 Barry *et al.*, 2001, p. 98. Grifos dos autores.
70 Fanghanel, 2012, p. 2.

e a Linha de Montagem Acadêmica"[71], afirmando que os profissionais "nos níveis intermediário e iniciante [...] têm buscado ativamente manter viva a arte da construção intelectual, ao mediar e moderar os efeitos mais drásticos das transformações por meio de estilos de trabalhar acolhedores ou transformadores"[72]. O nosso capítulo sobre cooperatividade trata daquilo que Frank Martela chama de um "ambiente de suporte"[73], capaz de oferecer um respiro em relação às pressões gerencialistas externas e aliviar os sentimentos de impotência em face da suposta "crise".

Até porque o próprio discurso da crise é parte do problema. Embora em seu trabalho mais recente, *Lowering Higher Education: The Rise of Corporate Universities and the Fall of Liberal Education*[74], Côté e Allahar qualifiquem a sua definição de "crise" como "ponto de virada [...] mais do que uma situação de desgraça iminente", os autores ainda assim afirmam que "o sistema universitário desenvolveu uma série de problemas que exigem algum tipo de ação decisiva *imediatamente*"[75]. Nós não negamos que haja uma necessidade de intervenção, mas nosso ponto é que o discurso da crise fomenta uma sensação de urgência – de que "há que se fazer alguma coisa depressa, antes que seja tarde demais" – que nos faz sentir ainda mais impotentes diante de probabilidades esmagadoras. É irônico notar que, se o modelo corporativo induz ao pânico, o mesmo se pode dizer justamente dos livros que protestam contra os valores desse modelo. Outra coisa que o discurso da crise faz é, inadvertidamente, estimular a passividade: se já é tarde demais, de que adianta agir? Nossa ideia é que adotar uma abordagem influenciada pela perspectiva do Movimento Slow para a nossa prática profissional traz o potencial de romper com a cultura corporativa da aceleração. A vida no compasso do Slow, como Parkins e Craig explicam, "não trata simplesmente de 'ir devagar', mas é mais fundamentalmente uma questão de *agência*"[76]. Professores sem Pressa agem imbuídos de propósito, reservando tempo para a deliberação, a

---

71 Ou, no título original do trabalho, "Between the Ivory Tower and the Academic Assembly Line". N. T.
72 Barry *et al.*, p. 87.
73 Martela, 2014, p. 85.
74 Em tradução literal: "Rebaixando a educação superior: a subida das universidades empresariais e a queda da educação liberal". N. T.
75 Côté; Allahar, 2011, p. 91.
76 Parkins; Craig, 2006, p. 67.

reflexão e o diálogo, cultivando resiliência emocional e intelectual e sendo capazes de, como define Collini, "manter a calma"[77].

Em resposta aos colegas que nos mandaram acordar do sonho e encarar os fatos, ou que disseram estar simplesmente ocupados demais para poder desacelerar, nós queremos enfatizar que o Movimento Slow "não é um retiro da contracultura isolado da vida cotidiana [...] nem uma volta a um passado idílico [...], muito menos um culto à preguiça ou a uma versão da vida em câmera lenta"[78]. Ele é, em vez disso, "um processo pelo qual a vida cotidiana – em toda a sua cadência e complexidade, seu *frisson* e sua rotina – é tratada com cuidado e atenção [...] uma tentativa de viver no presente de uma maneira plena de sentido, sustentável, consciente e *prazerosa*"[79]. E nós concordamos com o argumento de Wendy Parkins e Geoffrey Craig de que o Movimento Slow tem o "potencial" de não apenas "revigorar a vida cotidiana"[80], mas também de repolitizá-la[81]. Um dos traços que definem a filosofia Slow Food, aliás, é a combinação de "Política e Prazer" – subtítulo original do livro *The Slow Food Story*[82], de Geoff Andrews. O foco na alimentação "tem suas raízes em [nas] questões mais amplas" da globalização e das preocupações ambientais[83], sem, no entanto, perder de vista o prazer. Enquanto Ginsberg descreve a sua "proposta de regime terapêutico" como um "remédio amargo"[84], nós queremos uma solução que não apenas seja curativa, mas que também possa ser agradável; nós queremos criar melhoras no longo prazo, mas também no curtíssimo prazo da vida diária. Nos capítulos a seguir, vamos explorar as maneiras pelas quais os princípios já mencionados da filosofia Slow, assim como a ênfase na boa convivência e no localismo, mostram-se relevantes para aliviar o estresse dos docentes e para transformar a prática acadêmica. Como Jennifer A. Lindholm e Katalin Szelényi enfatizam, "números significativos de homens e mulheres docentes de todas as raças e em

---
77 Collini, 2012, p. 85.
78 Parkins; Craig, 2006, p. ix.
79 Parkins; Craig, 2006, p. ix.
80 Parkins; Craig, 2006, p. 119.
81 Parkins; Craig, 2006, p. 135.
82 Em tradução literal, "A história do Slow Food". N. T.
83 Andrews, 2008, p. 17.
84 Ginsberg, 2011, p. 215.

todas as disciplinas e tipos de instituições afirmam sofrer níveis elevados de estresse ocupacional. Nesse contexto, é fundamental que nós [...] nos esforcemos para desenvolver hábitos de conduzir o nosso trabalho e nossas vidas de maneira a promover o bem-estar, tanto o nosso quanto o das outras pessoas"[85].

O nosso livro não é um estudo empírico, na linha do que foi feito por James Côté e Anton Allahar, nem uma denúncia detalhada dos problemas da universidade empresarial. Bill Readings, Martha C. Nussbaum, Stanley Aronowitz, Benjamin Ginsberg, entre outros autores, já ofereceram análises brilhantes das consequências e implicações sociais da corporativização da educação liberal. Absolutamente convencidas pelos argumentos deles, nós acreditamos que o que se faz necessário agora não é mais um estudo que diagnostique o problema. A contribuição que esperamos oferecer se baseia em uma combinação de política e prazer. O que começou como uma simples tentativa de ajudar uma à outra tornou-se uma análise aprofundada do meio acadêmico. Nós vemos este livro como um trabalho que revela a vida secreta das pessoas docentes, abordando não apenas as suas mazelas, mas também os seus prazeres. A escrita deste livro despertou um tanto de ansiedade em nós, por falarmos às claras nele o que habitualmente fica sem ser dito, e foi preciso relembrar a nós mesmas inúmeras vezes que a oscilação entre a vergonha no âmbito privado e o cenário político da atualidade se provaria produtiva. Nós acabamos por reconhecer que a ansiedade é uma consequência inevitável de romper com tabus que não apenas estão vigentes hoje em dia como já têm uma longa história: os ideais de maestria plena, de individualismo autossuficiente e racionalismo sustentam igualmente a "velha" e a "nova" universidade. Aliás, foram os valores patriarcais que abriram as portas para a corporativização.

Talvez, situadas como estamos no campo das ciências humanas, nós sintamos de maneira mais aguda essa ameaça à universidade. Ironicamente, nossos sentimentos de falta de produtividade e de não corresponder às expectativas não nos levaram até agora a "ler" a instituição; a nossa culpa autoimposta acaba favorecendo os valores corporativos. Como muitos autores sinalizaram, tem havido poucos protestos dos acadêmicos contra o ataque aos princípios fundamentais da universidade. Isso não apenas porque a comunidade acadêmica está "mergulhada em trabalho até as

---

[85] Lindholm; Szelényi, 2008, p. 36.

orelhas"[86], mas também porque os valores individualistas e meritocráticos da formação acadêmica em si inibem a consciência do coletivo. Ao mesmo tempo que se encontram especialmente vulneráveis no modelo da universidade empresarial, as ciências humanas são paradigmáticas da investigação intelectual não objetificada que é preciso proteger em todas as disciplinas. É precisamente essa capacidade de pensamento crítico que está no coração da universidade como patrimônio público, e não como "mera causa setorial ou luta autocentrada da parte de alunos e acadêmicos da atualidade"[87].

Nós encaramos este projeto, em parte, como um volume de autoajuda dirigido a membros da comunidade acadêmica, e esperamos ter oferecido nele uma estrutura que facilite a leitura. Depois do capítulo "Gestão do Tempo e Atemporalidade", que traz uma análise abrangente das temporalidades que regem o nosso trabalho e de como podemos resistir a elas, os demais capítulos focam componentes distintos do trabalho acadêmico (ensino, pesquisa e cooperação entre colegas).

A corporativização engendrou uma pressão temporal generalizada (e o estresse que decorre dela). O primeiro capítulo começa por examinar a literatura de aconselhamento sobre manejo do tempo voltada especificamente para os acadêmicos. Nosso argumento é o de que textos que acenam com soluções para acadêmicos sobrecarregados não cumprem a sua promessa. Em vez disso, o que eles fazem é celebrar o excesso de trabalho e a cultura da aceleração. Além disso, a literatura de aconselhamento tende a interpretar equivocadamente a natureza do trabalho intelectual e as condições que ele requer. Esse capítulo se concentra sobre as ligações entre as pressões de tempo e o estresse pessoal e sugere maneiras de aliviar a correria. Ele cria uma base para os capítulos que se seguem, os quais ampliam a análise dos efeitos prejudiciais da cultura da aceleração sobre o indivíduo para apresentar uma argumentação explicitamente política a respeito dos seus impactos sobre a produção intelectual, a capacidade de crítica social e uma cidadania ativa.

No Capítulo 2, "Pedagogia e Prazer", Maggie faz uma defesa da preservação da sala de aula presencial em face da pressão crescente de

---
[86] Menzies; Newson, "Over-Extended Academic" (em tradução literal: "Acadêmicos sobrecarregados"), 2001.
[87] Collini, 2012, p. xi.

transição para o ensino on-line, precisamente porque o ato de ensinar não se resume a simplesmente repassar informações ou mesmo conhecimento. Embora o pensamento seja algo inevitavelmente corporificado e contextual, a academia tende a negligenciar a dimensão emocional e afetiva do ensino e da aprendizagem, assim como as vantagens de praticar o pensamento em grupos. É plenamente sabido que emoções positivas facilitam o aprendizado, portanto parece razoável inferir que elas melhorem igualmente o ato de ensinar. Não é algo fútil ou incidental querer garantir que nós possamos nos divertir em sala de aula: talvez isso seja crucial para criar um ambiente no qual os estudantes tenham a possibilidade de aprender. Esse capítulo explora técnicas e estratégias diversas para otimizar o prazer e reduzir o estresse no nosso ato de ensinar.

No Capítulo 3, "Pesquisa e Compreensão", Barbara investiga os efeitos da corporativização sobre a produção intelectual. Todas nós conhecemos bem (e provavelmente estamos cansadas de conhecer) o que Collini chama de "palavras de ordem do jargão *eduquês*"[88]: a nossa pesquisa precisa ser competitiva, inovadora, de ponta, acessível, aplicável, impactante, replicável, passível de obter financiamento em polos de investigação, geradora de lucros e fácil de ser formatada para a cobertura da mídia ("uma foto, por favor!"). O *outdoor* de uma universidade, não faz muito tempo, anunciando orgulhosamente que uma pesquisa realizada em suas dependências "cura doenças fatais" ilustra bem aquilo a que nos referimos. Hoje em dia, pesquisas sobre doenças que simplesmente reduzem a qualidade de vida das pessoas definitivamente ficaram para o segundo escalão... (e se por acaso você estiver trabalhando em algo relacionado à obra de Proust, então, nem se fala). A corporativização não apenas passou a priorizar certas áreas de pesquisa em detrimento de outras, como também contaminou as maneiras pelas quais todas nós, em todas as disciplinas, conduzimos nossas pesquisas e nossas formas de pensar sobre pesquisa. A pressão em prol do que é mais facilmente quantificável e comercializável nos empurra para "descobertas" e vai contra o espírito da investigação aberta e da crítica social. Esse capítulo apresenta, como contraponto a esse discurso, uma proposta de produção intelectual feita de acordo com a filosofia Slow, com compreensão e engajamento ético.

---
88 Collini, 2012, p. 78.

No Capítulo 4, "Cooperatividade e Comunidade", nós falamos sobre a perda do espírito de cooperação entre colegas na universidade empresarial, identificando as possíveis causas e os efeitos já comprovados que esse processo tem sobre o nosso bem-estar e o nosso desenvolvimento profissional. Nós argumentamos que somente acrescentar a cooperação à lista das nossas atribuições de ensino, pesquisa e atividade de extensão serve apenas para exacerbar o clima desumano do atual momento, uma vez que nos empurra ainda mais para a objetificação. A medição dos nossos supostos atos de cooperação nos transforma em mercadorias mensuráveis, não apenas aos olhos dos administradores, mas, pior do que isso, também uns para os outros. Nossa sugestão é que voltemos a atenção para a tão negligenciada dimensão afetiva do nosso trabalho, a fim de criar o que Frank Martela chama de "ambientes de suporte"[89], capazes de garantir apoio mútuo e redes de confiança. Encarar a cooperação entre colegas sob uma ótica de busca conjunta pela solução de problemas emocionais pode representar uma intervenção mais efetiva (e afetiva) dentro do contexto corporativizado e hiper-racional em que estamos.

O capítulo final, "Colaboração e Pensamento em Conjunto", traz uma reflexão sobre o processo de coautoria deste projeto e sobre as formas como ele se mostrou drasticamente diferente de uma autoria única. O contraste se fez claro dentro dos parâmetros do próprio projeto, no momento em que decidimos redigir os rascunhos para o segundo e o terceiro capítulo separadamente. Escrever em primeira pessoa se provou muito mais difícil. Trabalhar em conjunto foi uma das maneiras de nós duas já aplicarmos na prática a filosofia Slow, combinando política e prazer.

---

89 Martela, 2014, p. 85.

Capítulo Um
....

Gestão do Tempo e Atemporalidade

Criatividade é o produto do tempo "desperdiçado".
Albert Einstein[90]

Em seu artigo "Conflicting Time Perspectives in Academic Work"[91], Oili-Helena Ylijoki e Hans Mäntylä observam que "parece algo evidente que, sempre que dois ou mais acadêmicos se encontram, eles comecem a reclamar sobre a falta de tempo"[92]. Um levantamento feito no meio universitário pelo MIT em 2001 levou a uma constatação surpreendente ao comparar docentes universitários a CEOs: 78% dos docentes afirmaram que "não importa quanto trabalhem, eles não conseguem dar conta de tudo", comparados a 48% dos CEOs; e 62% dos docentes disseram se sentir "física ou emocionalmente esgotados ao final do dia", comparados a 55% dos CEOs[93]. Durante um workshop que ministramos, indagaram-nos se já havia sido feita alguma pesquisa sobre os tipos de personalidade mais comuns na educação superior. Seria o caso de afirmar que pessoas perfeccionistas

---

90 Citado por Posen, 2013, p. 172.
91 Em tradução literal: "Perspectivas conflitantes de tempo no trabalho acadêmico". N. T.
92 Ylijoki; Mäntylä, 2003, p. 56.
93 MIT "Findings", p. 10.

são naturalmente mais atraídas para as carreiras de docência e pesquisa nas universidades? Nós achamos que a pergunta que deve ser feita é outra: na verdade, deveríamos questionar o que acontece na carreira universitária para fazer com que as pessoas que a escolhem se sintam incapazes de dar conta do recado. É bastante sintomático que Harry Lewis e Philip Hills, em seu livro *Time Management for Academics*[94], sintam a necessidade de declarar que "nós temos o *direito à saúde*" e *"o direito a uma vida pessoal, a uma vida familiar, a empregar parte do tempo que passamos acordados em projetos pessoais (ou mesmo para tratar de necessidades mundanas da existência, como manter a casa, tratar de ter roupas e alimentos, pagar contas, cuidar da manutenção pessoal básica); e que, portanto, temos o direito de limitar nosso tempo total de trabalho de modo a dar espaço para essas atividades"*[95]. O fato de precisarmos dar permissão a nós mesmos para comer, tomar banho e pagar contas reflete o desequilíbrio do meio universitário na atualidade. A crise da falta de tempo não é só uma questão pessoal. Ela prejudica a produção intelectual como um todo, interferindo na nossa habilidade de pensar de maneira crítica e criativa. Livros com conselhos sobre a gestão do tempo trazem a promessa de nos dar alívio, mas eles muitas vezes despertam uma sensação de inadequação. Para nós, autoras, a questão não é tanto aprender formas de organizar o nosso tempo, e sim manter a discussão focada na cultura que o ameaça, em primeiro lugar.

Por sua própria natureza, o trabalho acadêmico nunca se conclui; e, se a flexibilidade de horários é um dos privilégios do nosso campo de atuação, ela pode facilmente se traduzir em trabalhar o tempo todo – ou viver com a sensação de que deveria fazê-lo. Mary Morris Heiberger e Julia Miller Vick notaram esse paradoxo: "Apesar da sua pesada carga de trabalho, os profissionais do meio acadêmico têm mais liberdade para estruturar o próprio tempo do que praticamente qualquer outra categoria do mercado. Para alguns, essa é a maior vantagem dessa carreira; para outros, é uma fonte de estresse"[96]. Ademais, considerando o investimento de tempo e dinheiro necessário para obter um PhD, e a incerteza de retorno econômico dessa escolha, fica bem claro que a maioria de nós escolhe uma carreira acadêmica por motivações mais ligadas ao idealismo

---

94 Em tradução literal: "Gestão do tempo para profissionais da carreira acadêmica". N. T.
95 Lewis; Hills, 1999, p. 109.
96 Heiberger; Vick, 2001, p. 11.

do que a razões pragmáticas. E, ainda que acreditar no que se faz seja um dos fatores fundamentais para a satisfação na vida profissional, o idealismo também pode levar à sobrecarga de trabalho. O mesmo tipo de idealismo que alimenta empreitadas intelectuais e pedagógicas acaba sendo facilmente manipulado por uma universidade que, como muitas outras instituições corporativas, se vale da retórica da família e da comunidade para "solidificar a cultura da empresa e inspirar lealdade e compromisso no ensejo de aumentar a produtividade"[97]. A ironia é que, quanto mais comprometidos com a nossa vocação nós formos, mais probabilidade teremos de sofrer com o estresse da falta de tempo e com o esgotamento profissional.

Se os personagens dos primeiros romances universitários de David Lodge tinham muito tempo livre – em *Changing Places,* Philip Swallow passa o seu período como professor visitante na Euphoria State University dedicando-se a experimentos com sexo, drogas e rock'n roll –, os professores de hoje em dia vivem vasculhando as prateleiras de livros ou a Internet em busca de truques para otimizar o tempo. E não faltam manuais cheios de conselhos sobre gestão do tempo para profissionais da universidade. Alguns, importados do meio empresarial, parecem um tanto maquiavélicos. A lista de melhores práticas de gestão de tempo oferecida pela firma editorial Scribendi inclui, por exemplo, "valer-se dos pós-graduandos": "jogue nas mãos deles a maior parte das queixas da graduação e deixe que as turmas da pós façam o trabalho. Caso eles estejam se preparando ou já estejam no processo de obter o PhD, isso será positivo. Você estará lhes fazendo um favor. Caso não estejam nesse caminho, bem, é algo que faz parte da vida na pós-graduação. Só lembre-se também de ser legal com eles – quem sabe pedindo uma pizza para partilhar com todos na época da correção das provas ou indo a um bar com a turma de vez em quando e pagando uma rodada para todos". Outras dicas que eles dão para poupar tempo são "ter um relógio de parede num local que só você possa ver" e "levantar-se" quando um aluno ou colega aparecer na sua sala. Estratégias desse tipo são ecoadas por textos como "Time Management for New Faculty"[98], de Anastassia Ailamaki e Johannes Gehrke, que recomenda *"delegar o máximo possível de tarefas [...] aos assistentes administrativos"*: "tente evitar idas à copiadora, pesquisas de horários de voos, pedidos de suprimentos

---

97 Philipson, 2002, p. 123.
98 Em tradução literal: "Gestão de tempo para professores novatos". N. T.

pela Internet e impressão de documentos"[99]. Essa atitude, curiosamente aproveitadora, parece ser uma externalização da pressão a que nós estamos sujeitos: ao sermos pressionados, nós passamos a pressionar os outros. As sugestões parecem ignorar gloriosamente as regulamentações sindicais e o fato de que assistentes administrativos e alunos da pós-graduação não têm um tempo ilimitado para estar ao nosso dispor. Na verdade, a rotina dos professores costuma ser o avesso da delegação de tarefas, já que muitas funções burocráticas (fazer pedidos de cópias, preparar requisições de pagamentos, fazer fotocópias etc.) passaram a ser incluídas nas incumbências do seu cargo. Ailamaki e Gehrke também recomendam repassar aos alunos da pós-graduação a revisão de artigos de colegas: "Passe o artigo para um dos seus pós-graduandos e marque uma reunião para falar sobre ele dali a algumas semanas. Nesse meio-tempo, você também faz uma leitura cuidadosa do artigo. Então, quando se encontrarem, vocês poderão debater e o aluno depois entregará uma primeira versão da análise, que você poderá ajustar conforme necessário. Assim, nós ensinamos os pós-graduandos a escrever boas análises e conseguimos estruturar o tempo para a entrega das revisões"[100]. Pelo visto, o que vale na universidade empresarial é o lema "cada acadêmico por si". As estratégias descritas são sintomáticas das expectativas irrealistas de entrega vigentes na atualidade, que levam os acadêmicos a buscar desesperadamente por macetes que possam ajudá-los a dar conta da lista de afazeres.

Se a sua intenção é recuperar algum equilíbrio entre trabalho e vida pessoal, a maior parte da literatura sobre gestão do tempo para profissionais da universidade não vai oferecer nenhum alento. E pode ser até que você acabe concluindo que, na verdade, não tem se esforçado o suficiente. Em seu livro *Graduate Study for the Twenty-First Century*[101], Gregory Colón Semenza estipula que, "de maneira geral, um dia de trabalho de cerca de dez horas é mais do que suficiente para a maior parte dos acadêmicos, sobretudo considerando que nós de fato somos capazes de *trabalhar* na maior parte dessas horas", ao contrário de outras categorias que "gastam uma quantidade tremenda de tempo no trajeto para ir e voltar do escritório, em bate-papos ao redor do bebedouro e em almoços que duram uma hora

---
99 Ailamaki; Gehrke, 2003, p. 103.
100 Ailamaki; Gehrke, 2003, p. 104-5.
101 Em tradução literal: "O estudo de pós-graduação para o século XXI". N. T.

inteira"[102]. A rotina pessoal que ele cita como exemplo inclui "estar diante da escrivaninha às 7h30 em ponto e 'encerrar o dia' não antes das 18h. Considerando, é claro, que muitas vezes eu vou precisar trabalhar horas extras – quando recebo textos de alunos, se preciso entregar um artigo no prazo estipulado ou tirar uma hora do dia para ir a uma consulta médica"[103]. Na seção do livro chamada de "Oito dias por semana", ele recomenda aos leitores que "sejam inteligentes na hora de escolher qual trabalho deixar para o fim de semana": "Se, numa quinta-feira, eu me dou conta de que vou precisar estar com dois livros lidos e dez trabalhos de alunos corrigidos na segunda, reservo a correção dos trabalhos para a tarde de sexta-feira, já pensando que será mais fácil encaixar a leitura dos livros em vários momentos e lugares ao longo do fim de semana – na sala de casa, enquanto minha esposa lê um dos seus próprios livros e meu filho tira a soneca da tarde, no banco de trás do carro a caminho do churrasco na casa da tia Joanie ou na cadeira de praia, enquanto pego um bronzeado. Eu posso atualizar as listas de presença enquanto assisto a um jogo dos Yankees. Posso fazer a revisão de um manuscrito sentado na grama do parque"[104]. Philip C. Wankat, em *The Effective, Efficient Professor*[105], aconselha que, "para a maioria das pessoas, 55 horas de trabalho por semana vão garantir que a maior parte dos afazeres seja concluída"[106], alertando que, até mesmo durante o período de estágio probatório (que é para Wankat "como um tempo de guerra"[107]), o número de horas semanais deve ficar "em torno" dessa faixa[108] – o que implica, na prática, ir além das 55 horas. Ele enfatiza que "família e vida pessoal são importantes"[109], mas onde vamos arrumar tempo para elas? Nós ficamos impressionadas ao ver quão contraditórios podem ser os conselhos sobre gestão do tempo: os autores nos dizem que precisamos nos exercitar, nos alimentar direito, cultivar *hobbies* e uma vida social a fim de trabalhar bem, mas a carga horária semanal postulada por eles impede que essas coisas aconteçam. Uma carga horária de 55 horas

---

102 Semenza, 2005, p. 48.
103 Semenza, 2005, p. 48.
104 Semenza, 2005, p. 51.
105 Em tradução literal: "O professor universitário efetivo eficiente". N. T.
106 Wankat, 2002, p. 18.
107 Wankat, 2002, p. 18.
108 Wankat, 2002, p. 19.
109 Wankat, 2002, p. 17.

semanais significaria uma rotina mais ou menos assim: trabalhar das 9h às 12h, das 13h às 15h e das 15h30 às 19h30, seis dias por semana. Donald Hall nos confronta com esse mesmo ritmo puxado quando argumenta que desenvolver um trabalho de pesquisa é possível mesmo assumindo quatro turmas por semestre, desde que se "estabeleçam [...] metas realistas por dia e por semana"[110], sugerindo que os sábados sejam reservados para a pesquisa e que a preparação de aulas e as correções de trabalhos sejam adiadas para "doze horas" aos domingos[111]. Mais uma vez, vamos esmiuçar essa ideia: o que o autor está querendo dizer é que trabalhemos das 8h ao meio-dia, das 13h às 18h e depois das 19h até as 22h – aos domingos! Em *The Time Trap*[112], Alec Mackenzie inclui entre as "Dez Melhores Dicas de Gestão do Tempo" o modelo da então reitora da Universidade do Missouri, em Kansas City, dra. Eleanor Brantley Schwartz, em um trecho que vale ser citado na íntegra:

> A boa gestão do tempo é fundamental na minha vida. Para que eu possa ser produtiva enquanto dou conta da minha agenda lotada, preciso programar as janelas de tempo nas quais cada tarefa necessária será cumprida e então garantir que as tarefas sejam concluídas dentro das janelas designadas para elas.
> Eu sempre tive uma rotina corrida, desde o tempo em que era estudante; tinha um emprego em período integral e era mãe solo de duas crianças. Foi em meio a essa situação de vida potencialmente estafante que eu passei a criar estratégias de gestão do tempo, movida pela pressão da necessidade. Eu costumava escrever pela manhã, das 4h até as 6h45, quando parava para acordar as crianças. Nós sempre deixávamos preparado, na noite anterior, o máximo possível das coisas que precisaríamos para o trabalho e a escola no dia seguinte. Procurávamos deixar tudo o que era preciso levar junto da porta e as marmitas do almoço já prontas na geladeira. Hoje eu tenho empregados domésticos, mas eles também precisam de uma boa gestão.

---

110 Hall; Lanser, 2001, p. 221.
111 Hall; Lanser, 2001, p. 222.
112 Em tradução literal: "A armadilha do tempo". N. T.

> Eu sempre tentei fazer duas coisas ao mesmo tempo, sempre que a natureza das tarefas permitisse isso. Por exemplo, quando era hora de preparar o jantar, eu aproveitava para ir dobrando as roupas limpas enquanto cuidava da comida. Ou ia redigindo mentalmente um artigo enquanto estava limpando a cozinha e lavando a louça[113].

Com alguma apreensão, nós temos que confessar que modelos assim de gestão de tempo e produtividade nos parecem irrealistas e simplesmente nem um pouco sustentáveis no longo prazo para a maior parte das pessoas. Se, como diz Robert Boice, nós vivemos numa cultura que valoriza o ato de "mostrar-se sempre ocupado"[114], o que propomos neste livro é uma contracultura, a cultura Slow, que valorize o equilíbrio e que ouse mostrar ceticismo com relação a esse tipo de modelo de produtividade. Começar a escrever às quatro da manhã significa acordar às 3h30, em plena madrugada. E, se fizermos isso rotineiramente, quanto de energia vai nos sobrar para o restante do dia de trabalho? E como teremos energia para interações de qualidade com as pessoas que amamos se estivermos sempre "fazendo duas coisas ao mesmo tempo"? Há uma série de livros, incluindo *The Myth of Multitasking*[115], de Dave Crenshaw, e *Sem Tempo pra Nada*, de Edward M. Hallowell, que já demonstram que a ideia de "multitarefa" não é exatamente o que parece ser. Nós não fazemos duas coisas simultaneamente, e sim ficamos nos alternando entre uma tarefa e outra, o que não apenas nos torna menos eficientes (porque ao alternar as tarefas é preciso um tempo para voltarmos a nos concentrar em cada uma delas), mas também nos leva a ter mais lapsos. David Posen propõe o modo *"monotarefa"* como meio de remediar isso: "Fazer uma coisa de cada vez, em sequência, e com atenção plena"[116]. Zadie Smith parece concordar com isso: logo no início dos agradecimentos de seu romance *NW*, lemos: "Por terem criado o tempo necessário [...] Freedom©, Self-Control©"[117], que são programas que bloqueiam o acesso à Internet. A cultura acadêmica celebra o trabalho em excesso, mas é crucial que nós questionemos o valor de estar permanentemente ocupados. Temos

---

113 Mackenzie, 1997, p. 211-12.
114 Boice, 1996, p. 38.
115 Em tradução literal: "O mito da multitarefa". N. T.
116 Posen, 2013, p. 164.
117 Smith, 2012, p. 295.

que nos perguntar que tipo de modelo estamos criando para nossos colegas e para os alunos. Uma edição recente da *Queen's Alumni Review* traz um artigo de Julie Harmgardt, pós-graduanda e vencedora da Bolsa de Artes e Ciências da Undergraduate Society. A iniciativa InvisiAbilities, criada por ela como uma "organização dedicada a promover conscientização, educação e apoio para adultos que vivem com doenças crônicas invisíveis, como artrite, fibromialgia, diabetes, lúpus e doença de Crohn"[118], é louvável e importante, mas a descrição que Harmgardt faz de sua vida como estudante enquanto realizava esse trabalho é perturbadora. Embora admita que sua escolha de tratar como opcional a quantidade adequada de horas de sono "não promove o bem-estar físico, mental nem espiritual", ela argumenta que "no meio de tanta correria, algo tem que ficar para trás"[119]. Seus "esforços para aproveitar ao máximo as '25 horas' de cada dia" tornavam o modo multitarefa inevitável: "Eu fazia exercícios enquanto conversava com uma amiga, andava com um livro para todo canto para que pudesse encaixar as leituras do curso em quaisquer dez minutos possíveis, dobrava os folhetos do InvisiAbilities enquanto fazia videochamadas com a minha família e dava preferência a encontros sociais maiores para poder ver o máximo possível de amigos ao mesmo tempo"[120]. Nós precisamos questionar esse tipo de história de sucesso na gestão do tempo que promove o modo multitarefa e as cargas horárias estendidas. E precisamos de mais reflexão crítica sobre por que tudo o que se diz sobre gestão do tempo é sempre tão chocantemente uniforme.

Ao lermos esses relatos sobre trabalhar das 9h às 19h30, seis dias por semana (Wankat), empreender jornadas de escrita das 4h às 6h45 todos os dias (Schwartz) ou ter todos os espaços da agenda preenchidos pelos próximos meses (Hall), algo neles soa curiosamente atraente. Será que isso é porque, na nossa cabeça, eles justificam a nossa profissão como uma carreira como todas as outras? Ou será porque trazem a promessa de que finalmente poderemos assumir o controle? Ou será que é porque nos ajudam a explicar por que não somos o próximo Michel Foucault (embora, segundo relatos, Foucault tivesse uma sorveteria

---

118 Harmgardt, 2012, p. 8.
119 Harmgardt, 2012, p. 8.
120 Harmgardt, 2012, p. 9.

preferida bem em frente à biblioteca onde costumava trabalhar[121])? Se nos permitirmos ficar positivamente impressionadas por rotinas de trabalho como a de Schwartz, estaremos sendo sugadas para uma espiral do que Hillary Rettig chama de "comparações perfeccionistas" que são "*sempre* invalidantes":

> Isso porque nós *sempre* nos veremos do lado mais fraco em qualquer comparação – porque o propósito de uma comparação perfeccionista não é despertar percepções úteis, e sim funcionar como mais um chicote com o qual nos açoitar na tentativa de nos forçar a produzir mais[122].

Uma de nós se recorda de ter encontrado casualmente um colega à beira do lago certo dia, no final de agosto, em Toronto, e perguntado a ele como estava indo o seu verão. "Que verão?", retrucou o sujeito. "Eu tenho passado oito horas do meu dia escrevendo." Ela lembra que essa resposta fez com que se sentisse terrivelmente culpada por ter ido nadar com a filha naquele dia. E foi somente ao parar para relatar esse caso aqui que se deu conta de que o colega também estava à beira do lago, embora presumivelmente não para aproveitar o verão. Como Rettig aponta, de forma certeira, a culpa e a autorrecriminação não nos tornam mais produtivos, e sim acabam por criar "um contexto fundamentalmente hostil à criatividade"[123]. Nós falaremos mais detalhadamente sobre as condições que alimentam a criatividade mais adiante, mas por ora basta reforçar o conselho sensato de Rettig: "Em vez de se comparar a um padrão impossível ou excepcional de produtividade, prefira estabelecer algum parâmetro que seja mais razoável, enquanto procura ao mesmo tempo identificar e reproduzir as razões que levam ocasionalmente a sua produtividade a ficar além dele"[124].

Todos os textos sobre gestão do tempo trazem conselhos marcadamente muito semelhantes: mantenha um registro de tarefas para ver para onde o seu tempo está "escoando", crie sempre um planejamento do dia, estabeleça metas

---

121 Conforme o site theory.org.
122 Rettig, 2011, p. 27.
123 Rettig, 2011, p. 32.
124 Rettig, 2011, p. 27.

de curto e de longo prazo, organize seu espaço de trabalho e aprenda a dizer não. Embora a máxima de planejar, priorizar e organizar não esteja errada, ela tende a exacerbar a nossa ansiedade ligada à escassez de tempo, já que nos leva a passar o dia todo contando os minutos. Dividir a porção de tempo que nos cabe em segmentos ainda menores e mais rigorosos não funciona como solução em longo prazo. Nesse sentido, a gestão do tempo se parece com as miríades de dietas (e de fato alguns livros recorrem explicitamente a essa comparação) que nos exortam a manter um diário alimentar, planejar refeições, estabelecer metas e contar as calorias que ingerimos e as que queimamos. E, de novo, embora nada disso seja incorreto, são ações que não consideram os motivos que podem levar alguém a comer em excesso, em primeiro lugar, assim como os fatores sistêmicos que têm contribuído para a "epidemia de obesidade". Da mesma forma, assim como o foco das dietas na restrição de calorias leva à privação (que, por sua vez, faz o sujeito devorar um pacote gigante de salgadinhos e um pote inteiro de sorvete de uma vez só em seguida), os livros sobre gestão do tempo tendem a alimentar essa mesma privação, na forma de sensação de escassez de tempo, com resultados nada desejáveis. O tempo inteiro ouvimos que o tempo é curto. Para conseguir otimizar esse recurso tão precioso, nos aconselham a agendar reuniões "com uma duração menor do que a que eu acho que será a verdadeira, na esperança de que isso leve a mim mesmo e os outros participantes a ser mais produtivos"[125], ou, quando estivermos nos preparando para uma viagem, a "levar na bagagem de mão trabalho suficiente para ao menos duas horas a mais do que o voo *supostamente* deve durar"[126]. Ian Nelson exorta os docentes a preencher todas as janelas possíveis de tempo na sua agenda "como um lembrete poderoso de quão pouco tempo vocês têm. Enquanto houver horários livres na sua agenda, vai parecer que você dispõe de tempo"[127].

Mesmo porque, é claro, tempo também é dinheiro. Lewis e Hills escrevem que precisamos nos habituar, "tanto como indivíduos quanto como membros de órgãos de tomada de decisão, [...] [a] tratar o nosso tempo e esforço como 'recurso escasso', da mesma forma como tratamos o dinheiro: como um recurso estritamente limitado"[128]. Ainda assim, Ylijoki

---

125 Cuny, 2015, p. 51.
126 Wankat, 2002, p. 31.
127 Nelson, 1995, p. 23-24.
128 Lewis; Hills, 1999, p. 108.

e Mäntylä observam que as pressões temporais experimentadas por seus entrevistados resultam do "tempo gerencialista" das universidades, nas quais "o tempo é quase literalmente tratado como uma forma de dinheiro que pode ser medida, contada e dividida em unidades"[129], de modo que "o trabalho cotidiano dos acadêmicos precisa ser transformado em mensurações quantificáveis e resultados que não levam em consideração os ritmos internos da própria natureza desse trabalho"[130]. Um exemplo inequívoco disso são os "pesquisadores de projeto que fazem registros a cada meia hora de trabalho, enumerando tudo que fizeram nesse período. Isso é supostamente feito para fins de contabilização do pagamento, pois desse modo os pesquisadores podem demonstrar às entidades financiadoras como empregaram o seu tempo e assim justificar seu salário"[131]. Essa versão do que significa prestar contas de suas responsabilidades vai na contramão da maneira como o trabalho de pesquisa acontece na prática (que resultaria em algo como: das 9h às 9h30: escrevi uma frase; das 9h30 às 10h: decidi apagar essa mesma frase; solicitei um livro pelo sistema de empréstimo entre bibliotecas etc.).

Deixando de lado as infinitas possibilidades de fazer piada com o assunto, esse tipo de registro é irremediavelmente impraticável quando se trata de pesquisa intelectual e do estudo (o número de páginas que nós lemos por hora, por exemplo, vai variar imensamente de acordo com o material que estamos lendo e com qual finalidade). Donald E. Hall enfatiza, em seu livro *The Academic Self: An Owner's Manual*[132], a importância de fazermos uma "boa gestão [...] do tempo"[133], eficaz a ponto de termos programado com antecedência cada mês de trabalho acadêmico, "hora a hora"[134]. Considerando que "o tempo é subdivisível, regular e previsível", "é crucial sabermos com antecedência quantos dias, ou mesmo horas, poderemos dedicar a um determinado processo – de pesquisa, pedagógico ou ligado à comunidade acadêmica – ao longo das próximas semanas, meses, ou mesmo no período de um ano ou mais"[135]. Mas será que o tempo acadêmico é mesmo tão "subdivisível, regular e previsível" quanto Hall

---

129 Ylijoki; Mäntylä, 2003, p. 73.
130 Ylijoki; Mäntylä, 2003, p. 74.
131 Ylijoki; Mäntylä, 2003, p. 61.
132 Em tradução literal: "Self acadêmico: manual do proprietário". N. T.
133 Hall, 2002, p. 44.
134 Hall, 2002, p. 49.
135 Hall, 2002, p. 48.

postula? As nossas aulas podem até ser, mas há muitas outras partes do nosso trabalho que simplesmente não são assim. Existe um determinado ritmo fixo que rege cada período de aulas, mas nós não podemos prever quantos alunos vão nos procurar pedindo cartas de referência, o número de requisições de bolsas que teremos que avaliar e classificar, o número de casos de plágio que vão requerer a nossa intervenção, e assim por diante, fazendo com que seja impossível pôr em prática essa ideia de programar cada hora de cada dia de trabalho com um mês de antecedência.

O problema que se apresenta até mesmo nos planos de gestão de tempo mais bem-intencionados, como o de Hall parece ser, é que eles nos conectam ao tipo errado de tempo, o tempo agendável, e isso tende a exacerbar a sensação de fragmentação que resulta de termos que conciliar o ensino, a pesquisa, as tarefas administrativas, as autoavaliações, os e-mails de alunos etc. A palavra "fragmentação" surge repetidamente nas entrevistas feitas por Ylijoki e Mäntylä com acadêmicos finlandeses. Para esses entrevistados, os dias de trabalho tornaram-se "muito longos e fragmentados", e a "fragmentação do tempo e da energia é vista pelos acadêmicos como um fator que abala gravemente a sua satisfação com o trabalho e sua produtividade"[136]. A sensação de que nunca há tempo suficiente produz pânico, uma impressão frenética de estar sempre ficando para trás. Como Ellen Ostrow observa, "com frequência, quando se está trabalhando sob pressão, há um diálogo mental incessante, que em geral inclui pensamentos sobre coisas que você 'deveria' estar fazendo, especulações do tipo 'e se' e maquinações sobre como você poderia se desdobrar para poder dar conta de tudo"[137]. Meghan Telpner, ao fazer uma crítica dos programas convencionais de dieta alimentar, propõe uma "desdieta" no seu livro *Undiet*. Nós, da mesma maneira, queremos argumentar que os docentes não precisam de gestão de tempo, e sim entrar no fluxo da atemporalidade.

No nosso entender, os problemas da estafa relacionada ao tempo não vão ser resolvidos com melhores hábitos de trabalho (e se você duvida disso, leitor, lembre-se de que de um jeito ou de outro você arrumou uma forma de concluir o seu mestrado ou está em via de fazer isso). Os métodos de gestão de tempo não levam em conta as transformações pelas quais vem passando o sistema universitário: em vez disso, eles voltam todo o foco para o indivíduo, muitas vezes fazendo isso de uma maneira punitiva (os meus

---

[136] Ylijoki; Mäntylä, 2003, p. 56.
[137] Ostrow, 2000.

hábitos precisam ser disciplinados). Na verdade, a questão do tempo tem a ver com cargas de trabalho cada vez maiores, com a aceleração do ritmo e a objetificação profissional que são onipresentes no modelo empresarial de universidade. O fato de que alguns pedidos de informação feitos por decanos e diretores aos docentes hoje em dia trazem como prazo "até o fechamento das operações" ou "até o fim do horário comercial", deixa claro que estamos cada vez mais oscilando entre duas temporalidades diversas: o tempo corporativo e o tempo que é propício ao trabalho acadêmico. Aquilo que vem sendo chamado de "tempo atemporal", ou "o uso do tempo movido pela motivação interna no qual o tempo do relógio perde a sua significância", hoje em dia se tornou em grande parte um sonho distante[138]. A pesquisa feita por Ylijoki e Mäntylä com cinquenta e dois acadêmicos finlandeses – na qual não foram feitas perguntas que tratassem diretamente dos aspectos temporais do seu trabalho – revelou que todos eles consideram esse tempo atemporal como "um luxo", que é visto ou com nostalgia ou como um "desejo, um plano e uma aspiração" mais do que uma realidade possível[139]. Esses mesmos acadêmicos também relataram que a insuficiência de tempo fazia com que se sentissem "desempoderados e estressados"[140]. A ligação entre as pressões de tempo e sentimentos de desempoderamento precisa ser mais amplamente investigada, em especial porque ambos estão relacionados à transferência de poderes para as mãos de administradores universitários cujo foco em resultados econômicos leva à pressão para que tudo seja feito da maneira mais eficiente. Ylijoki e Mäntylä lembram que "a verdadeira pesquisa toma – e deve ter permissão para tomar – todo o tempo que se faça necessário"[141], uma alegação que soa extraordinariamente radical no atual contexto. Esse é o apelo da Slow Science Academy, cujo manifesto insiste que...

> Nós precisamos de tempo para pensar. Nós precisamos de tempo para digerir. Nós precisamos de tempo para nos desentender uns com os outros, especialmente quando promovemos o diálogo perdido entre as humanidades e as ciências naturais. Não podemos dizer continuamente o que nossa ciência significa

---
138 Ylijoki; Mäntylä, 2003, p. 62.
139 Ylijoki; Mäntylä, 2003, p. 63 e 64.
140 Ylijoki; Mäntylä, 2003, p. 56.
141 Ylijoki; Mäntylä, 2003, p. 63.

e à qual bem ela serve, porque simplesmente não sabemos ainda. A ciência precisa de tempo.

– *Fique com a gente enquanto nós pensamos* (slow-science.org)[142].

Como escreve Bodil Jönsson, "por certo sabemos que o trabalho intelectual, assim como o de pesquisa (a criação de conhecimento) e aprendizado (a criação de conhecimento no âmbito individual), deve ser mensurado de uma maneira inteiramente diferente dos métodos que usamos para mensurar o trabalho da industrialização"[143]. E ela conclui afirmando que "nós precisamos de *pensologia*[144], mais do que de tecnologia"[145]. Este capítulo é, em parte, a nossa tentativa de chegar a essa "pensologia".

Para pensar de maneira crítica e criativa, ou mesmo simplesmente para pensar direito, nós precisamos, como ressaltam Ylijoki e Mäntylä, do "tempo atemporal"[146]. A experiência da atemporalidade é definida por Charalampos Mainemelis como "a experiência de transcender a noção de tempo e de si mesmo quando o indivíduo se vê completamente absorto em uma atividade ou evento cativante no momento presente"[147]. Pesquisas demonstram que esses períodos passados "fora do tempo" na verdade são essenciais para o pensamento aprofundado, para a criatividade e a resolução de problemas. Mihaly Csikszentmihalyi descobriu, após uma extensa pesquisa da vida de pessoas com ocupações e etnias variadas, que quanto mais a pessoa vivencia essa experiência de estar "no fluxo", mais feliz ela será. Csikszentmihalyi chega a afirmar que o "estado de fluxo" – um "estado ideal de experiência interiorizada […] no qual se enxerga uma *ordem na consciência*" – nos torna pessoas melhores:

> Isso acontece quando a energia psíquica – ou atenção – está investida em objetivos realistas e quando as habilidades são compatíveis com as oportunidades de ação. A busca por uma

---
142 Citado aqui em tradução publicada pelo Ateliê de Humanidades, em https://ateliedehumanidades.com/2019/01/15/manifesto-por-uma-slow-science/. N. T.
143 Jönsson, 2001, p. 95.
144 No original, *thinkology*, em que a autora usa a semelhança entre o termo em inglês *think*, pensar, e a raiz *tech* da palavra *technology*. N. T.
145 Jönsson, 2001, p. 96.
146 Ylijoki; Mäntylä, 2003, p. 62.
147 Mainemelis, 2001, p. 548.

meta traz ordem para a consciência, porque a pessoa precisa concentrar sua atenção na tarefa que está desempenhando e esquecer momentaneamente de tudo o mais. Esses períodos de esforço para superar desafios acabam sendo aqueles que os indivíduos apontam como os momentos mais gratificantes das suas vidas [...] Uma pessoa que conquistou o controle sobre a sua energia psíquica, e a investiu em objetivos escolhidos conscientemente, sempre se tornará um ser mais complexo. Ao ampliar suas capacidades, ao lançar-se a desafios cada vez maiores, alguém assim vai se tornando um indivíduo mais e mais extraordinário[148].

Essa experiência do "fluxo" é tão elusiva que só pode ser registrada em retrospecto, depois de passado o momento. Por frustrante que seja, a definição que Mainemelis consegue apresentar é uma tautologia:

> Atemporalidade é a experiência de transcender o tempo e os limites do próprio *self* que o indivíduo tem ao mergulhar numa atividade ou acontecimento inteiramente cativante no momento presente. Estudiosos e poetas têm sugerido, ao longo dos anos, que a intensidade atemporal do momento presente é um portal para a criatividade e para a alegria[149].

Quando vivenciamos a atemporalidade nós somos criativos, e a criatividade é vivenciada na atemporalidade.

Não é possível encomendar via Internet esse estado de "fluxo" – aliás, como veremos, a Internet é o último dos lugares onde ele será encontrado –, mas podemos encomendar as condições para vivê-lo, o tempo atemporal que é capaz de estimular a criatividade, o pensamento original e, ao que tudo indica, gerar a alegria que vem de bônus com essas duas coisas. Reconhecendo que a disponibilidade desse tempo atemporal paradoxalmente aumenta a produtividade das organizações, Mainemelis passou a examinar as condições que seriam capazes de estimular ou de bloquear o "trabalho altamente focado, imaginativo e de qualidade"[150], que é "definido como a

---
148   Csikszentmihalyi, 2008, p. 6.
149   Mainemelis, 2001, p. 548.
150   Mainemelis, 2001, p. 559.

produção laboral de um indivíduo inovador, original e profícuo"[151]. Não por acaso, ele constatou que "determinados fatores ligados à tarefa, à pessoa e ao ambiente de trabalho" contribuem para a "probabilidade de um indivíduo ser criativo no trabalho"[152]. As duas primeiras condições em geral estão garantidas no ambiente universitário. Acadêmicos costumam demonstrar um alto grau de motivação intrínseca em relação ao seu trabalho; eles acreditam ter objetivos valorosos e habilidades para alcançá-los; também sabem que a "criatividade [...] requer entusiasmo, persistência e perseverança", e estão preparados para se empenhar "por longos períodos de tempo a fim de gerar e desenvolver ideias criativas"[153]. Aparentemente, profissionais do meio acadêmico são candidatos exemplares para experimentar o estado de fluxo. Mas só a motivação pessoal não basta. Fatores ambientais contribuem para propiciar ou atrapalhar o pensamento criativo. E o principal obstáculo ao pensamento criativo e original, Mainemelis constatou, é o estresse de ter coisas demais para fazer:

> Pressões extremas relativas especialmente à carga de trabalho, sob a forma de estresse relacionado ao tempo e a expectativas exageradas de produtividade... fazem com que seja praticamente impossível para o indivíduo se envolver plenamente com a tarefa que tem em mãos e vivenciar a atemporalidade[154].

Nós precisamos, portanto, criar um momento e um espaço protegidos para desfrutar do tempo atemporal, além de recordar a nós mesmos continuamente que fazer isso não é uma questão de autoindulgência, mas sim algo imprescindível à produção intelectual. Se não encontrarmos momentos em que possamos vivenciar o tempo atemporal, evidências mostram que não apenas o nosso trabalho, mas nossos cérebros acabarão prejudicados.

A atemporalidade é claramente algo desejável não só para melhorar nosso trabalho, mas também a nossa satisfação profissional e pessoal. No entanto, ela é deixada de lado em prol de demandas mais imediatas e inadiáveis. Os dias dedicados à pesquisa deveriam, num mundo ideal,

---

151 Mainemelis, 2001, p. 549.
152 Mainemelis, 2001, p. 553.
153 Mainemelis, 2001, p. 560.
154 Mainemelis, 2001, p. 559.

ser passados escrevendo e vasculhando a biblioteca, mas em vez disso nós aproveitamos para ler e-mails e atualizar relatórios enquanto tentamos aprender às pressas a manejar a mais nova ferramenta tecnológica, porque acabamos de saber, num dos e-mails que estavam por ler, que a universidade a comprou e já a colocou em uso (além de haver aqueles que admitem ter passado mais um dia dedicado à pesquisa apenas estafados e improdutivos). É como Mainemelis observa, citando Csikszentmihalyi e outros: "Um estado normal de consciência é caracterizado pela desarmonia, pois há uma miríade de estímulos diferentes disputando recursos de atenção que são limitados". Nós precisamos, em vez disso, do estado de "absorção", que "mobiliza todos os recursos de atenção e energia do indivíduo para um único estímulo, que é a atividade que está sendo realizada no momento presente"[155]. É fato que existe, como diz Maura Thomas, "uma abundância de ruído nas nossas vidas"[156]. David Shenk, ao fazer uma reflexão sobre seu livro *Data Smog*[157] dez anos depois de ter sido lançado, observa que "o problema parece ser o fato de estarmos fisiologicamente programados para voltar nossa atenção para a comoção"[158]. Então, como podemos agir para reduzir a comoção em nossas vidas e por que deveríamos fazer isso?

1. Nós precisamos nos desconectar. Tom Chatfield, em seu livro *Como Viver na Era Digital*, reconhece que, pela primeira vez na história, "o estado normal do dia a dia de muitas pessoas é estar 'conectado' a pelo menos uma mídia personalizada"[159]. Nós hoje temos, ele prossegue explicando, "duas maneiras fundamentalmente diferentes de estar no mundo: os nossos estados conectados e desconectados", e precisamos nos indagar "que aspectos de uma tarefa, e do ato de levar a vida em geral, serão mais beneficiados por cada um deles"[160]. Shenk, entre outros autores, nos diz que há pesquisas demonstrando que "para um usuário *experiente* de computadores, são necessários em média 15 minutos para voltar a se concentrar em 'tarefas mentais sérias' depois de ter respondido a um e-mail ou mensagem instantânea"[161]. Se

---

155 Mainemelis, 2001, p. 556.
156 Thomas, 2012, p. 24.
157 Em tradução literal: "Nevoeiro de informação". N. T.
158 Shenk, 2007.
159 Chatfield, 2012, p. 30 da edição original em inglês.
160 Chatfield, 2012, p. 31 da edição original em inglês.
161 Shenk, 2007.

estamos sendo continuamente interrompidos por demandas virtuais, é claro que haverá uma fragmentação. Se passarmos o tempo todo checando as mensagens, sofreremos daquilo que Thomas chama de "déficit de atenção autoinduzido"[162]. A Internet, como foi demonstrado por Nicholas Carr, está literalmente modificando nosso cérebro:

> Dada a plasticidade do cérebro, nós sabemos que nossos hábitos on-line continuam a reverberar no funcionamento das sinapses mesmo quando não estamos mais conectados. Nós podemos inferir que os circuitos neurais dedicados à leitura seletiva ou de busca, leitura superficial e funcionamento multitarefa estão se expandindo e reforçando, enquanto aqueles utilizados para ler e refletir profundamente, mantendo uma concentração constante, estão se enfraquecendo e erodindo[163].

O maior problema do funcionamento em modo multitarefa foi resumido brilhantemente por Michael Merzenich em uma entrevista: "Nós estamos treinando nossos cérebros para prestar atenção à bobagem. As consequências disso para nossa vida intelectual poderá se mostrar 'fatal'"[164].

2. Nós precisamos fazer menos. O livro maravilhoso de Rettig intitulado *The Seven Secrets of the Prolific*[165] afirma:

> Gestão do tempo não quer dizer espremer o máximo possível de afazeres *para dentro* da nossa agenda, e sim eliminar o máximo possível *de dentro* dela, de maneira que você tenha tempo para realizar as coisas importantes com alto grau de qualidade e com o menor estresse possível[166].

E nós provavelmente precisaremos estar preparadas para receber as críticas decorrentes disso: "É por isso que eu digo que, caso depois que você começar a fazer a gestão do seu tempo as pessoas passem a reclamar,

---

162 Thomas, 2012, p. 9.
163 Carr, 2010, p. 141.
164 Merzenich citado por Carr, 2010, p. 142.
165 Em tradução literal: "Os sete segredos de quem é produtivo". N. T.
166 Rettig, 2011, p. 80.

meus parabéns! É sinal de que está fazendo a coisa do jeito certo"[167]. David Posen, em *Is Work Killing You?*[168], ressalta que fazer menos na verdade gera mais resultado. Nós todos temos uma capacidade máxima de realização de trabalho produtivo e pensamento concentrado, e, se ela for excedida, estaremos somente investindo mais tempo na tarefa, o que é inútil (uma vez que o trabalho realizado nesse tempo não será de qualidade)[169]. A pesquisa realizada por Posen constata que "ter um horário de trabalho estendido costuma ser ineficaz, e, quando as pessoas estão submetidas a demasiado estresse, frequentemente elas se tornam menos produtivas"[170]. O autor cita muitas motivações que levam as organizações a resistir às propostas que ele faz para a redução das jornadas de trabalho e do estresse no ambiente profissional, mas o fator que mais se destaca é o que Posen chama de "pressão de grupo e cultura corporativa": "O excesso de trabalho é visto como força, e o equilíbrio entre vida pessoal e profissional, como fraqueza ou autoindulgência"[171]. Além de fazer menos, portanto, parece que precisamos manter cópias dos livros de Posen e Rettig nas nossas mesas de trabalho para uma necessária reafirmação daquilo que estamos nos propondo a fazer.

3. Precisamos vivenciar regularmente momentos de tempo atemporal. Como resume Thomas, "quanto menos você se permitir ter a oportunidade de focar o pensamento, menos foco tenderá a ter"[172].

Esses momentos requerem:
a. Uma transição, um "rito de passagem pessoal [...] para focar a atenção, reduzir a ansiedade, criar uma atmosfera de leveza, e assim por diante"[173].
b. O reconhecimento de que cada tarefa vai tomar mais tempo do que você planejou. Tente estabelecer como expectativa o dobro do tempo. Lembre-se de contabilizar o "tempo de ajuste", ou "o tempo que leva para pôr as coisas em ordem, para organizar tudo de modo que você

---
167 Rettig, 2011, p. 77.
168 Em tradução literal: "O trabalho está te matando?". N. T.
169 Posen, 2013, p. 87-92.
170 Posen, 2013, p. 67.
171 Posen, 2013, p. 71.
172 Thomas, 2012, p. 25.
173 Mainemelis, 2001, p. 555.

possa iniciar uma tarefa específica"[174]. E lembre também que, na primeira vez que você se propõe a fazer qualquer coisa, a tendência é que leve mais tempo para fazê-la.

c. Espírito lúdico. Ser criativo envolve e até mesmo demanda uma certa abertura para o lúdico. Chatfield observa que "o tipo de pensamento que é capaz de emergir em horas 'vazias' das nossas vidas [...] não pode ser reproduzido por meio de um planejamento digital dedicado ou por sessões off-line cuidadosamente organizadas. Esses são momentos que quase sempre nos pegam de surpresa, naqueles instantes *em que a vida não está segmentada minuto a minuto*"[175].

d. Calar o "tirano interior" (como Rettig o denomina[176]). Nós precisamos deter a enxurrada de críticas que nascem da nossa própria cabeça:
> O que geralmente mata ou bloqueia a criatividade de uma pessoa é a falta de coragem para explorar ideias inusitadas ou contraculturais, uma ansiedade paralisante com relação ao próprio desempenho e a rejeição prematura de *insights* que possam surgir, tachando-os como inadequados ou indignos de uma maior elaboração[177].

e. Silenciar as vozes da proverbial opinião pública do cidadão pagador de impostos (que, mais uma vez, está na nossa cabeça). Collini escreve que "um dos aspectos mais desalentadores do clima atual ao redor dessa questão é a implicação subjacente [...] de que as universidades são uma espécie de supérfluo [...] e que muitos acadêmicos são pouco mais do que parasitas de benefícios sociais de classe média, dedicando-se aos seus *hobbies* à custa do dinheiro público"[178].

4. Nós precisamos de tempo para não fazer nada, ou o que Posen chama de "intervalos". O cerebralismo inerente à identidade profissional pode nos fazer reagir com irritação a essa ideia, mas é bom lembrar que "nosso cérebro, assim como nosso corpo, precisa de descanso periódico. O cérebro é como um músculo. Ele se cansa. Nós precisamos de tempo de recuperação, de descanso,

---
[174] Jönsson, 2001, p. 34.
[175] Chatfield, 2012. Citado da página 49 da edição original em inglês, com grifo adicionado pelas autoras.
[176] Rettig, 2011, p. 21.
[177] Mainemelis, 2001, p. 559.
[178] Collini, 2012, p. 197-8.

de descompressão"[179]. Muitos de nós entendem essa "descompressão" como deixar-se desmaiar de cansaço ao final do dia ou tirar férias muito necessárias uma vez por ano. Mas é preciso mais do que isso. Os "intervalos" que esse médico prescreve são "pausas" ao longo do dia de trabalho para que sejamos gentis conosco (o que cria um efeito cascata de gentileza para com as pessoas ao nosso redor), e também para proteger – ou, melhor dizendo, melhorar – a qualidade do nosso trabalho.

5. Nós precisamos mudar a maneira como falamos sobre o tempo, o tempo inteiro. Jönsson, em seu livro *Unwinding the Clock*[180], sugere que, para uma pessoa modificar a sua relação com o tempo, ela "precisa habituar-se a pensamentos a respeito do tempo que sejam diferentes de declarações deprimentes, como 'eu não tenho tempo suficiente', 'não dá tempo!' ou 'eu não sei como vou arrumar tempo para isso'"[181]. Considerando que nunca vamos ter dias com mais de vinte e quatro horas, parece mais útil modificar a nossa percepção sobre a passagem do tempo. Como diz a autora, "a alegria de perceber-se tendo tempo o bastante não é em nada mais errado do que o pesadelo do nunca-dá-tempo"[182]. Mais uma vez, é bom estarmos preparados para as reações: "Esse tipo de raciocínio instiga as outras pessoas. Tanto amigos quanto desconhecidos me demonstraram isso por meio das perguntas que fizeram, em geral carregadas de medo"[183].

Este capítulo se concentrou nos efeitos deletérios da escassez de tempo sobre o nosso bem-estar e a qualidade do nosso trabalho, mas a escassez de tempo é também uma questão política, como vamos explorar mais detalhadamente nos próximos capítulos. A temporalidade da universidade empresarial faz mais do que contribuir para o estresse individual (o que em si já é ruim o suficiente). Ela também prejudica o potencial democrático da universidade como instituição, que é o de encorajar as pessoas a "pensar, a se engajar criticamente com o conhecimento, a fazer avaliações, a assumir responsabilidade pelo que significa saber alguma coisa e a compreender as consequências desse saber para o mundo como um todo"[184].

---

179 Posen, 2013, p. 166.
180 Em tradução literal: "Desacelerando o relógio". N. T.
181 Jönsson, 2001, p. viii.
182 Jönsson, 2001, p. 48.
183 Jönsson, 2001, p. 10.
184 Giroux, 2009.

Capítulo Dois
....

Pedagogia e Prazer

> Se estamos pedindo aos profissionais do meio acadêmico que mantenham os estudantes em um espaço de vulnerabilidade e incerteza no qual eles possam acolher os seres que realmente são, é necessário criar um ambiente onde esses profissionais possam explorar a sua própria vulnerabilidade e suas incertezas.
> Margaret Blackie *et al.*[185]

Praticar o ensino Slow não quer dizer – como em muitas piadas que costumamos ouvir – f-a-l-a-r- b-e-m- d-e-v-a-g-a-r, nem envolve fazer menos ou esperar menos dos nossos alunos (por mais desejáveis que essas coisas na verdade sejam). Mas essa prática tem, sim, muito a ver com o tempo. Paradoxalmente, numa "aula Slow" o tempo passaria voando, fazendo com que todos nós – professores e alunos – nos surpreendêssemos ao ver que ela chegou ao fim tão depressa. Todos nós queremos alunos que se mostrem entusiasmados com o material que apresentamos e que apreciem os esforços que fazemos para torná-lo o mais claro possível. Todos os alunos querem professores que se mostrem entusiasmados com

---
[185] Blackie *et al.*, 2010, p. 643.

o material que apresentam e que apreciem os esforços que eles fazem para compreendê-lo. Todos nós, professores e alunos, queremos sair da sala de aula nos sentindo energizados. No último ano, Barbara e eu tivemos a felicidade de nos deleitar com cursos nos quais mal podíamos esperar pelas conversas que teríamos com os alunos e pelos debates que veríamos entre eles. Será que isso aconteceu por um mero golpe de sorte? Será que foi porque (como costumamos em geral supor) nós duas estávamos lidando com alunos excepcionalmente interessados e amáveis? O que diferencia uma aula exaustiva de uma inspiradora? O que nós percebemos foi que ambas estávamos ensinando matérias que eram realmente relevantes para nós e que poderiam mudar, como de fato mudaram, a forma de as pessoas pensarem; os dois cursos eram pura alegria para nós, professoras. E foi assim que nos mostramos, para nossa própria surpresa, mestras cativantes e até mesmo carismáticas (como indicaram avaliações entregues pelos alunos), embora esse nem sempre seja o caso – uma de nós, inclusive, estava lidando com uma turma atipicamente calada e reticente durante esse mesmo período. Nós percebemos que a fruição que sentimos não foi simplesmente uma consequência fortuita do sucesso daqueles dois cursos, e sim um componente fundamental dele. Parece óbvio pensar que, quando alguém ensina bem, esse mesmo alguém sente satisfação com o seu curso, mas talvez dizer o oposto na verdade seja mais correto: quando a pessoa gosta de lecionar, ela faz isso com mais qualidade. A ênfase da atualidade em "práticas baseadas em evidências" e "processos para estimar impactos"[186] no ensino e na aprendizagem ignora totalmente o fator prazer; ainda assim, talvez seja justamente o prazer – tanto o experimentado pelo docente quanto por seus alunos – o indicador mais importante dos "resultados de aprendizagem".

E a experiência do prazer é, como o Movimento Slow Food já deixou bem claro, incompatível com o mundo corporativo. Se, como aponta Geoff Andrews, outros movimentos políticos radicais tendem a negligenciar ou mesmo renegar o prazer, o Slow Food se define como "Política em Busca do Prazer"[187]. Em um mundo que, nas palavras de George Ritzer, está cada vez mais homogeneizado, "no qual praticamente para qualquer lado que o indivíduo se volte ele se depara com formas bastante familiares de nada", nós precisamos, afirma ele, de "alguma coisa" que seja "concebida localmente

---
186 Citados do Plano de Ação de Ensino e Aprendizagem Queen's de 2014, p. 7. N. T.
187 Andrews, 2008, p. 3.

e rica em particularidades de contexto"[188]. A nossa busca pelos prazeres peculiares do ensino e da aprendizagem será uma maneira de abraçar o desafio proposto por Amanda Burrell e Michael Coe quando dizem que "antes que as aulas 'ao vivo' sejam inteiramente trocadas pela modalidade remota em *streaming*, é interessante examinar o que exatamente acontece numa aula 'ao vivo', com acadêmicos e alunos ocupando o mesmo espaço ao mesmo tempo"[189]. A diferença mais óbvia entre o aprendizado frente a frente e o remoto é a proximidade entre os corpos e a transmissão de emoções que se dá inevitavelmente em decorrência dela. Nós escolhemos manter o foco deste livro nas aulas presenciais e na política do prazer porque ambas são fatores obstrucionistas no ambiente da universidade empresarial; e, como Ruth Barcan sinaliza em seu livro *Academic Life and Labour in the New University*[190], "nós temos mais controle na sala de aula do que no âmbito da macropolítica"[191]. Existem, como observa um tanto argutamente Mary O'Reilley, "alguns estudos interessantes sobre as relações entre estresse e cinismo" na área do ensino; e a mesma autora em seguida indaga: "Mas haverá alguma maneira de interromper esse processo de endurecimento e de nos mantermos vivos na sala de aula?[192]". Pois nós acreditamos que os docentes podem combater o estresse e o cinismo – mantendo-se bem vivos enquanto fazem isso – se promoverem a pedagogia do prazer. E essa ideia traz o atrativo adicional de ser antiética do ponto de vista dos valores corporativos.

Inteligência: contextual e corporificada

À luz da predileção da universidade empresarial por tudo que seja quantificável, seria de esperar que encontrássemos aceitação irrestrita de um "quociente de inteligência" fixo e mensurável, o QI. O que se tem visto, ao contrário disso, é uma conscientização cada vez maior nas últimas décadas sobre o fato de que a inteligência é corporificada, e portanto dependente de contexto e das emoções. Em seu artigo "The Waning of I.Q."[193], David Brooks

---

188 Ritzer, citado por Andrews, 2008, p. 36.
189 Burrell; Coe, 2007.
190 Em tradução literal: "Vida e trabalho acadêmico na nova universidade". N. T.
191 Barcan, 2013, p. 15.
192 O'Reilley, 1993, p. 69.
193 Em tradução literal: "O declínio do QI". N. T.

explica que estudos do cérebro demonstram que "longe de ser um mecanismo frio de processamento de informações, as conexões neurais são moldadas pelas emoções"[194]. Annie Murphy Paul faz um apanhado de pesquisas que comprovam que o conceito de um QI fixo e mensurável é um mito ultrapassado. Em vez disso, a inteligência depende das circunstâncias: "Inteligência situacional [...] é o único tipo existente de inteligência – porque nós estamos sempre agindo ou pensando relativamente a uma situação específica, com um cérebro específico, em um corpo específico"[195]. A aprendizagem não acontece nem pode acontecer em algum cérebro metafísico. António Damásio demonstra que, mesmo que fosse possível manter vivo um cérebro sem corpo, esse cérebro não seria capaz de pensar: "Eu não quero dizer com isso que a mente esteja situada no corpo. Estou dizendo que o corpo contribui mais para o cérebro do que apenas garantindo-lhe vida e efeitos modulatórios. Ele oferece um *conteúdo* que é parte integrante do funcionamento da mente normal"[196]. Um dos pacientes de Damásio, privado de emoções em razão de uma lesão no córtex frontal, era incapaz de tomar decisões simples: sem emoções, ele não era capaz de pensar[197]. A tendência da academia de enxergar o corpo como um aparelho de manutenção da vida a serviço do cérebro tem tido efeitos prejudiciais sobre a maneira como ensinamos (bem como para nossas vidas em geral). Renate e Geoffrey Caine puseram em prática com sucesso em ambientes escolares uma pedagogia baseada na premissa de que "corpo e cérebro se interpenetram de tal maneira que a partir de um certo ponto eles precisam ser tratados como um sistema único"[198]. As nossas experiências convenceram a Barbara e a mim de que tanto a nossa inteligência quanto a de nossos alunos dependem de contexto, e que elas são especialmente suscetíveis às emoções geradas pela convivência em grupo. Em outras palavras, não é ilusória a sensação de que, quando a aula corre bem, todos nós pensamos melhor. Pesquisas recentes endossam o fato de que nós todos *somos* realmente mais sagazes nessas circunstâncias[199].

---

194 Brooks, 2007.
195 Paul, 2013.
196 Damásio, 1994, p. 226.
197 Damásio, 1994, p. 45 e 49.
198 Caine, 1997, p. 90.
199 Paul, 2013.

Reconhecer as implicações da nossa corporeidade e da de nossos alunos desloca a ênfase da nossa pedagogia. Uma análise das avaliações entregues pelos estudantes deixa clara a onipresença das emoções em sala de aula. Termos como "inspirador", "estimulante", "cativante e instigador" são formas de expressar afeto, de modo que "pensar e se importar" com determinado tema, como um dos alunos escreveu, com frequência aparecem ligados numa única sentença. Os estudantes, ao que parece, não fazem distinção entre como eles se sentiram num determinado curso e a maneira como pensaram no decorrer dele; as suas emoções -- tenham sido positivas ou negativas – são parte essencial da maneira como aprenderam.

O estudo aprofundado de Barbara L. Fredrickson sobre a psicologia das dinâmicas em grupo a levou a formular a teoria de "ampliar e construir"[200] sobre as emoções positivas. As emoções negativas tiveram seu papel evolutivo na história da humanidade, presume ela, por desencadear as ações rápidas e decisivas que são necessárias para escaparmos do perigo. Já as positivas, por outro lado, resultaram evolutivamente naquilo que poderíamos chamar de atividades de ordem mais elevada. Análises anteriores indicam que "a alegria, por exemplo, se amplifica ao criar um impulso para a brincadeira, para desafiar limites e ser criativo [...] Já o interesse, uma emoção positiva fenomenologicamente distinta, se amplifica ao criar o impulso para explorar, abraçar novas informações e experiências, criando uma expansão do *self* nesse processo"[201]. Experimentos conduzidos pela própria Fredrickson confirmaram que as emoções positivas ampliam o leque das nossas respostas psicológicas, intelectuais e físicas, ou nossos "repertórios de pensamento-ação"[202]. Além disso, as emoções positivas também melhoram a nossa resiliência psicológica em longo prazo, ao desfazer os danos causados por emoções negativas. "Na mesma medida em que as emoções positivas ampliam os escopos de atenção e cognição, possibilitando o pensamento flexível e criativo, elas também devem potencializar recursos duradouros de adaptação das pessoas" e "aumentar o seu subsequente bem-estar emocional"[203]. Essa é uma lista bastante

---
200 Em alguns textos em português da psicologia positiva, a teoria de Fredrickson é referida mantendo-se a expressão original em inglês, "Broaden and Build". N. T.
201 Fredrickson, 2001, p. 220.
202 Fredrickson, 2001, p. 219.
203 Fredrickson, 2001, p. 223.

impressionante dos efeitos tanto imediatos quanto duradouros das emoções positivas. Quem não gostaria de ter alunos criativos, intelectualmente expansivos e resilientes?

Aulas presenciais e os afetos

Um "manifesto" em prol da "aprendizagem afetiva", lançado em 2004 por dez especialistas membros do Laboratório de Mídia do MIT, reconhece que "as funções afetivas e cognitivas estão irremediavelmente integradas entre si"[204]. Ocorre de tal maneira que um "estado de ânimo ligeiramente positivo não apenas faz você se sentir um pouco melhor como induz um tipo diferente de pensamento, caracterizado pela tendência em direção à maior criatividade e mais flexibilidade na resolução de problemas, além de mais eficiência e cuidado nas tomadas de decisão"[205]. Os cientistas da computação do MIT citam a argumentação de M.R. Lepper e R.W. Chabay de que "tutores humanos experientes [...] devotam pelo menos o mesmo tempo e atenção para alcançar objetivos afetivos e emocionais em sua tutoria" em relação ao tempo e atenção que dedicam às metas "cognitivas e informacionais" típicas da aprendizagem de máquina[206]. Eles trabalham para desenvolver novas tecnologias dotadas de uma "inteligência emocional" capaz de "reconhecer e responder a demonstrações de afeto"[207]. O "QE"[208] artificial, como é chamado, inclui a capacidade de reconhecer expressões faciais, diferentes tons de voz, movimentos corporais e temperatura da pele. O Galvactivator, por exemplo, é uma "luva sensível à condutividade da pele", capaz de mensurar o grau de estimulação psicológica e sinalizá-lo por meio de um LED brilhante que permite aos estudantes verificar seu próprio grau de envolvimento com diferentes tarefas enquanto as realizam (o LED se mostrou mais brilhante enquanto eles "debatiam ideias" do que quando "assistiam a uma palestra")[209]. Também está sendo desenvolvido um "computador fisicamente animado", que deverá "mover-se de maneiras sutilmente expressivas em resposta ao seu

---
204 Picard *et al.*, 2004, p. 253.
205 Picard *et al.*, 2004, p. 254.
206 Picard *et al.*, 2004, p. 255.
207 Picard *et al.*, 2004, p. 256.
208 "Quociente emocional", como contraponto ao QI. N. T.
209 Picard *et al.*, 2004, p. 257.

usuário"²¹⁰. O dispositivo é inspirado na "interação natural entre humanos – quando estão trabalhando juntas, as pessoas tendem a se movimentar de maneira recíproca, levando-as, por exemplo, a mudar de postura para sinalizar limites conversacionais ou a inclinar-se para a frente se estão interessadas no assunto"²¹¹. Nesse tipo de aparato tecnológico, a ênfase está em detectar, por meio da observação, padrões de comportamento e deduzir o estado afetivo do usuário — "este último por meio da capacidade que é chamada de 'reconhecimento emocional', embora o dispositivo não possa na verdade ver o que você está sentindo, mas apenas uma amostra de mudanças externas mensuráveis associadas a sentimentos"²¹².

Todas essas tentativas de replicar as condições afetivas das trocas humanas passam ao largo do que realmente importa: a ênfase que lançam sobre aquilo que é observável acaba servindo para potencializar o isolamento que se propõem a combater. Em *The Transmission of Affect*²¹³, Teresa Brennan demonstra que nós não necessariamente *vemos* o que a outra pessoa está sentindo – seria mais acertado dizer que *farejamos*. Brennan argumenta de maneira convincente que as emoções humanas são comunicadas por meio de feromônios (fato que já é amplamente aceito há tempos quando falamos de atração sexual), de modo que os afetos literalmente "são lançados no ar" e flutuam de pessoa para pessoa por meio do olfato. Talvez o laboratório de mídia do MIT devesse estar mais empenhado em criar um serviço de entrega de adesivos perfumados. Os compostos químicos que captamos do ar alteram o nosso ânimo por meio da corrente sanguínea: "O ambiente [...] modifica o funcionamento endocrinológico humano, e não o contrário"²¹⁴. A ciência tem ignorado essa transmissão olfativa das emoções porque ela põe em cheque a crença da sociedade ocidental de que somos indivíduos isolados e claramente delimitados que mantêm as emoções dentro de si mesmos:

> A ideia da autossuficiência tem ligação com a crença de que a cognição, mais do que a emoção, é o que determina a agência, e não é de admirar que, enquanto a primeira (a ideia da autossuficiência) ganhou um papel dominante na história

---
210 Picard *et al.*, 2004, p. 258.
211 Picard *et al.*, 2004, p. 258.
212 Picard *et al.*, 2004, p. 256.
213 Em tradução literal: "A transmissão do afeto". N. T.
214 Brennan, 2004, p. 73.

do desenvolvimento de ideias, a segunda (cognição) a tenha acompanhado[215].

A nossa ênfase ocidental na cognição, portanto, resulta de nossas filosofias mais individualistas.

Embora Brennan não trate de questões ligadas à pedagogia, o novo paradigma que ela propõe para a transmissão dos afetos tem implicações significativas sobre os modelos de ensino remoto e híbrido. A ênfase na visão das atuais tecnologias de aprendizagem a distância reforça a separação mente/corpo, assim como a dicotomia sujeito/objeto (embora, ironicamente, dispositivos de automonitoramento fossem transformar o sujeito aprendiz em seu próprio objeto). E já que o "conhecimento [...] coletado por meio do olfato, do toque ou do som nem sempre, ou só muito esporadicamente, chega à consciência humana moderna", diz Brennan, ele acaba sendo negligenciado[216]. Mas esse apagamento acontece também porque ele põe em xeque o nosso precioso individualismo: "O nome transmissão de afetos, ou o conceito em si, não se encaixa bem em um contexto que enfatiza o individualismo, o estímulo visual, a cognição"[217]. Em outras palavras, há muito mais acontecendo numa sala de aula presencial do que em uma troca de ideias ou mesmo de padrões observáveis de respostas emocionais. Se a aprendizagem fosse puramente ou mesmo predominantemente cognitiva, o uso de computadores seria adequado e não haveria sentido reunir pessoas em salas de aula. Mas os afetos são sociais e "estão lá primeiro, antes de nós mesmos"[218]. E o ambiente afetivo influencia a natureza da cognição, já que "os afetos podem, ao menos em algumas instâncias, encontrar pensamentos que se ajustem a eles, e não o contrário"[219].

As emoções, explica Teresa Brennan, são transitórias, mas o afeto é o resíduo duradouro e pervasivo deixado por elas. Isso sugere que, embora seja importante cultivar sentimentos positivos em nós mesmos e em nossos alunos (uma coisa que, assim que escrevi, me pareceu um tanto óbvia), nós não precisamos manter uma "onda de euforia" constante. Uma pesquisa conduzida por Colin Beard e outros estudiosos constatou que, no segundo ano da universidade, os alunos "referem-se às agruras pedagógicas como prazerosas"; e

---

215 Brennan, 2004, p. 62-3.
216 Brennan, 2004, p. 23.
217 Brennan, 2004, p. 18.
218 Brennan, 2004, p. 65.
219 Brennan, 2004, p. 7.

mencionam a satisfação de "trabalhar duro", "ver-se absorvido por um tema" e de conseguir superar uma situação desafiadora. Assim, "combinações complexas de emoções positivas e negativas" acabam aparecendo[220]. O estudo de Beard *et al.* constata, citando Barnett, que, em contraste com o prazer efêmero, "um 'êxtase duradouro' é vivenciado na forma de alegria e sentimento de realização quando o aluno finalmente consegue compreender um conceito complexo como sendo potencialmente transformador"[221]. O que estimula os estudantes a persistir diante das dificuldades são as emoções positivas que surgem da "vinculação" ou pertencimento. Se "as emoções positivas de motivação/realização proporcionam uma 'onda de euforia' (opioides/endorfina) [...] a vinculação traz um efeito calmante positivo (dopamina)"[222]. O que nos dá sustento é o "senso de *pertencer* à comunidade acadêmica"[223].

Em "The Ripple Effect: Emotional Contagion And Its Influence on Group Behavior"[224], Sigal Barsade descreve experimentos que demonstram que as emoções de grupo existem e que elas "podem de fato influenciar resultados de trabalho"[225]. A pesquisa de Barsade confirma que "indivíduos não vivem em ilhas emocionais particulares, mas, em vez disso, os membros de um mesmo grupo vivenciam estados de ânimo coletivos no trabalho. Esses estados de ânimo se alastram num efeito dominó e, nesse processo, influenciam não apenas as emoções dos demais membros, mas também as dinâmicas do grupo e os processos cognitivos, atitudes e comportamentos individuais"[226]. "O desenvolvimento das emoções de grupo" é o que distingue uma comunidade de "um mero ajuntamento de indivíduos"[227]. O trabalho de Teresa Brennan sobre a natureza social dos afetos acaba por demonstrar, inadvertidamente, os benefícios das aulas presenciais: "Uma coletividade pode apresentar mais – e não menos – inteligência, rapidez de dedução e inventividade do que os indivíduos que a compõem"[228]. Alunos e professores pensam de maneira mais eficiente no contexto de uma comunidade do que

---

220 Beard *et al.*, 2014, p. 637.
221 Barnett citado em Beard *et al.*, 2014, p. 632.
222 Beard *et al.*, 2014, p. 631.
223 Beard *et al.*, 2014, p. 638.
224 Em tradução literal: "O efeito dominó: contágio emocional e sua influência no comportamento de grupo". N. T.
225 Barsade, 2002, p. 645.
226 Barsade, 2002, p. 670.
227 Barsade, 2002, p. 644.
228 Brennan, 2004, p. 62.

como um ajuntamento de indivíduos separados, e também quando estão vivenciando emoções positivas. E nós não precisamos repetir que aqueles cursos que nos enchem de alegria quando os lecionamos são os mesmos nos quais nos sentimos mais conectadas às outras pessoas.

Ensinar com prazer

Ensinar com prazer não apenas beneficiará os nossos alunos, como talvez possa de fato combater os efeitos negativos do clima que paira sobre o ambiente acadêmico atual. Barbara L. Fredrickson demonstrou que as emoções positivas fazem com que nossa psique afrouxe o apego às negativas. "Dois tipos distintos de emoções positivas", ela afirma, "a alegria branda e o contentamento, partilham a capacidade de reverter efeitos colaterais persistentes causados por emoções negativas no sistema cardiovascular"[229]. Não é preciso que nenhum de nós entre em sala de aula saltitante e cantarolando todos os dias: "alegria branda e contentamento" já bastam. A busca do prazer no ensino não é algo superficial, nem significa querer se divertir – algo visto com horror pelos intelectuais –, mas é uma questão de encontrar um "significado positivo" em "eventos corriqueiros" ou mesmo "em meio à adversidade". Até porque as emoções positivas também "aumentam a probabilidade de encontrar significado positivo em eventos subsequentes"[230].

Entretanto, talvez não seja surpresa constatar que é preciso trabalhar para cultivar emoções positivas. Rick Hanson explica que, evolutivamente, "o cérebro desenvolveu um *viés negativo* automático [...] sempre em alerta para detectar perigos potenciais ou perdas"[231]. Uma sala de aula na universidade parece ser, então, o ambiente perfeito para suscitar emoções negativas: talvez nós estejamos ansiosas em relação ao nosso desempenho, e provavelmente os alunos estarão ansiosos com o deles; a academia, afinal de contas, é tradicionalmente considerada uma coisa séria. Mas, para além de tudo o mais que decidamos fazer, é preciso sobretudo parar com o autoabuso de nos sobrecarregarmos de trabalho. Como Mary O'Reilley elabora de forma memorável, "isso não ajuda os alunos [...] a aprender, acaba com a nossa saúde e nos leva a colapsos mentais espetaculares – mas o motivo

---

[229] Fredrickson, 2001, p. 222.
[230] Fredrickson, 2001, p. 223.
[231] Hanson, 2013, p. 20.

mais importante é que, em última instância, a sobrecarga nos leva a odiar os estudantes"[232].

A minha meta para o restante deste capítulo é pôr a prática do ensino em câmera lenta por um instante, na esperança de que prestar atenção ao que sentimos possa reduzir a ansiedade (o viés negativo do cérebro) e aumentar o prazer relacionado à tarefa (além de, quem sabe, também o nosso estado geral de felicidade). Os verbos que uso – com frequência no gerúndio – foram escolhidos deliberadamente, por ajudar a captar as emoções corporificadas. Em seguida, enumerei algumas reflexões pessoais combinadas a conselhos que considerei úteis. Nada do que será lido aqui soará muito surpreendente, e pode ser até considerado óbvio por você, leitor. Justamente por isso, porém, são pontos que acabam frequentemente caindo no esquecimento.

1. Entrando em sala

Embora eu sempre reserve um momento para aquecer os motores antes de entrar em sala de aula, em geral passo esse tempo revisando ansiosamente as anotações que fiz ou questionando a qualidade dos *slides* de PowerPoint que pretendo apresentar. Diferente dos atletas ou atores, a rotina do professor não inclui uma preparação psicológica específica para entrar em aula – e é até difícil imaginar de que modo faríamos isso. Nós, geralmente, chegamos correndo do escritório ou de alguma reunião, com os braços cheios de livros ou pastas, tratando de içar o *laptop* da bolsa pelo caminho. Para mim, o momento de maior estresse é enquanto tenho de esperar o professor do horário anterior terminar de desconectar os seus dispositivos eletrônicos e falar com os últimos alunos – e me agarrar à esperança de que realmente seja possível matar alguém com um olhar torto não contribui para o meu estado de espírito nessas horas. Procurar estar mais consciente do processo de transição para o momento da aula foi o que de fato ajudou.

a. Lidando com o nervosismo

Eu sou uma professora tensa, mas aprendi a aceitar isso. Uma pesquisa que realizei para workshops sobre o que eu chamo de "Medo da Sala de

---
232 O'Reilley, 1993, p. 50.

Aula" por fim me permitiu, como diz Larry Danson, "reavaliar meus próprios sentimentos e passar a interpretar o nervosismo como antecipação e entusiasmo"[233]. A descoberta de que há muitos professores excelentes que sofrem dessa versão docente do "medo do palco" foi extremamente alentadora; e, surpreendentemente, foi algo que me tranquilizou mais do que ler sobre a visão de Parker J. Palmer de que ser professor universitário pode ser mais emocionalmente desgastante do que ser uma celebridade:

> Um bom professor deve se postar bem no cruzamento entre a esfera pessoal e a pública, lidando com o rugido do trânsito acirrado [...] À medida que tentamos criar uma conexão entre nós mesmos e nossos temas e os alunos, nós ficamos, nós mesmos e os temas das aulas, vulneráveis à indiferença, ao julgamento, ao ridículo[234].

E note que Palmer escreveu isso em 1998, antes que o rugido do "trânsito" fosse tornado ainda mais forte por causa da tecnologia. No meu caso, boa parte do nervosismo tinha origem nos mitos sobre o papel do professor herdados de gerações passadas que eu ainda carrego comigo. Depois que eu me dei conta de que autoridade, controle e conhecimento enciclopédico poderiam na verdade contribuir para afastar os alunos, comecei a me divertir mais em sala.

Mas mesmo assim ainda há consequências psicológicas: tomar consciência da sensação de boca seca é algo que parece fazer com que meu coração acelere. Para essa parte, chupar aquelas balinhas minúsculas pode ajudar. Eu devorei quase uma caixa inteira antes de começar minha fala numa plenária para 400 pessoas, há alguns anos, e tive que abrir a palestra esclarecendo para a audiência que aquilo que tinham visto não era uma overdose de comprimidos. Pensar "Ai, não! Eu estou muito nervosa!" deflagra uma espiral de pânico, ao passo que pensar "Tá, eu estou nervosa outra vez – mas isso não é tão grave assim" contribui para reduzir o reflexo de "luta ou fuga". Eu já fiz a experiência também de cantar alguma música enquanto estou a caminho da sala de aula. Mas o conselho mais simples que já recebi veio da minha mãe, dado em um

---

[233] Danson citado por Showalter, 2003, p. 17.
[234] Palmer, 1998, p. 17.

contexto inteiramente diferente. Já farta de aturar os telefonemas sobre a minha vida amorosa errática, mamãe certa vez me disse: "Tente pensar um pouco menos em si mesma, meu bem". Embora na época ele tenha me chocado um pouco, esse conselho teve inúmeros desdobramentos na minha maneira de ensinar. As palavras da minha mãe me levaram a transferir o foco da atenção dos meus próprios medos para as necessidades dos meus alunos.

b. Fazendo uma pausa

Está provado que criar um momento de transição consciente para a sala de aula melhora a qualidade do nosso ensino. Amanda Burrell, Michael Coe e Shaun Cheah desenvolveram uma série bem-sucedida de workshops na Austrália na qual os instrutores adotam a estratégia simples de iniciar suas aulas ocupando o espaço, como fazem os atores, com um instante de silêncio. Essa pausa de abertura melhora a confiança e o desempenho do instrutor, a atmosfera na sala de aula e o grau de atenção dos alunos. Burrell e Coe ressaltam que "sustentar a pausa" sinaliza confiança e autoridade e passa a mensagem de que vale a pena ouvir o que está prestes a ser dito[235]. Um dos participantes da série de workshops relatou que ter aprendido sobre a quietude não só aumentou sua autoconfiança como abriu espaço para que ele "criasse um senso de conexão com os alunos [...] fazendo com que se sentissem bem-vindos e apoiados". E ele concluiu que esse "senso de confiança demonstrado ao se comunicar por meios verbais e não verbais [...] realmente resulta do tipo de energia demonstrado e da espontaneidade da entrega, juntamente com a noção de que o ato de ensinar será algo prazeroso"[236]. É sabido que a comunicação não verbal se dá de forma mais imediata do que a verbal. É o que Sigal Barsade chama de "contágio emocional primitivo": um "processo muito veloz, contínuo e automático de mimetismo e *feedback* síncrono e não verbal"[237]. Alunos que mimetizam inconscientemente o nosso comportamento estão na verdade "vivenciando a emoção em si [...] por meio do *feedback* psicológico de suas respostas muscular, visceral e

---

[235] Burrel; Coe; Cheah, 2015, p. 3.170.
[236] Burrel; Coe; Cheah, 2015, p. 3.245.
[237] Barsade, 2002, p. 647.

glandular"[238]. Teresa Brennan discorda da ideia de Barsade da transmissão dos afetos positivos por meio de mimetismo, mas ela certamente endossaria a proposição intuída por Burrell *et al.* de que a atmosfera da sala de aula é criada no momento em que a adentramos, antes mesmo de abrirmos a boca para começar a falar. Ademais, a linguagem corporal do professor também influencia as suas próprias emoções. O meu conselho para os alunos pós-graduandos que lecionam sempre foi que fingissem ser uma pessoa confiante. Tempos depois, eu me deparei com os experimentos de Amy Cuddy sobre linguagem corporal e química cerebral: segundo as descobertas dela, assumir uma postura corporal assertiva logo antes de uma entrevista de fato nos faz agir mais assertivamente.

c. Respirando

Estar conscientes da nossa respiração ao iniciar a aula pode, da mesma forma, ter um efeito calmante sobre nós mesmos e sobre nossos alunos. Joshua Searle-White e Dan Crozier descem às profundezas mais sutis do processo da comunicação quando sugerem que a forma como respiramos espelha o relacionamento que temos com os alunos, indagando: "Estamos dispostos a absorver a presença dos alunos e a situação da sala de aula e deixar que elas informem aquilo que temos a oferecer a eles?"[239]. Segundo afirmam os autores, nós habitualmente temos a respiração curta, sobretudo quando estamos sentados diante do computador. No entanto, a respiração curta passa aos alunos um sinal de ansiedade. "Quando seguramos a respiração diante da pergunta de um aluno, por exemplo, isso vai fazer com que seja fisicamente mais difícil respondê-la, porque teremos que soltar o ar que ficou retido e reequilibrar a respiração antes de poder começar a falar"[240]. Uma respiração tranquila, por outro lado, "sinaliza um estado de relaxamento capaz de transmitir confiança e naturalidade, além de potencialmente até facilitar a concentração dos alunos no tema tratado em aula"[241]. Searle-White e Crozier mantêm o foco na nossa corporeidade com o objetivo de criar "possibilidades para mais liberdade e espontaneidade no ensino", o que nos

---
[238] Barsade, 2002, p. 648.
[239] Searle-White; Crozier, 2011, p. 4.
[240] Searle-White; Crozier, 2011, p. 4-5.
[241] Searle-White; Crozier, 2011, p. 5.

ajuda a estar "mais energizados e prontos para fazer nosso trabalho. E isso, por sua vez, cria um ambiente melhor, tanto para nós quanto para os nossos alunos"[242]. Embora não tenhamos como controlar condições mais amplas, que dizem respeito a salas de aula inadequadas e ao aumento do número de alunos por turma, é encorajador pensar que poderemos criar um senso de esperança em nós mesmos e nos alunos se simplesmente estivermos mais atentos e presentes ao entrar em sala de aula.

2. Conduzindo a aula

a. Rindo

Quando eu era uma professora novata, às vezes fazia piada sobre o meu próprio nervosismo, porque podia senti-lo ir embora quando estava falando a seu respeito. Eu costumava brincar com os alunos sobre ter lido em algum lugar que a adrenalina nos mantém jovens e que na verdade minha idade era noventa e cinco anos (à medida que esse número foi ficando mais próximo do verdadeiro, a piada passou a ter menos graça). E, de um jeito que era desconcertante para mim, os alunos também riam quando eu não estava tendo a intenção de ser engraçada. Acho que meu sotaque britânico e a escolha de palavras que soavam exóticas aos ouvidos canadenses deviam fazer os estudantes se lembrarem de alguma *sitcom* famosa na época. Embora eu hoje já tenha aprendido todos os termos que se usam no Canadá, também não me incomodo mais que a minha voz normal pareça engraçada para os alunos. O recurso do humor em sala de aula não precisa necessariamente envolver contar piadas (coisa que eu costumo fazer bem mal), mas é mais uma questão de não nos levarmos a sério demais. Se usado moderadamente, ele pode atenuar a tensão e melhorar a aprendizagem dos alunos. Hoje, existem inúmeros artigos sobre o uso do humor por docentes, e pesquisas recentes da psicologia positiva ajudam a explicar por que ele funciona. Richard Weaver e Howard Cotrell nos oferecem uma estratégia de dez passos que chamam de "Uma sequência sistemática de sensibilização criada para ajudar formadores a se sentirem mais confortáveis com o uso do

---

[242] Searle-White; Crozier, 2011, p. 2.

humor em sala de aula"²⁴³. As indicações deles incluem: "1. Sorria / Tenha uma atitude despreocupada. 2. Seja espontâneo / natural. a) Procure abrir mão do controle um pouco / saia da rotina de vez em quando. b) Esteja disposto a rir de si mesmo / não se leve a sério demais. 3. Crie um clima de informalidade / mostre-se sociável e descontraído"²⁴⁴. Eu descobri um método que requer pouca tecnologia e funciona bem: desenhar bonecos de palitinhos no quadro não apenas é algo que provoca risadas – eu sou *péssima* desenhista – como também me permite ilustrar mais pausadamente um conceito enquanto nós avançamos na teoria. Eu tenho provas de que meus alunos de teoria literária se recordaram melhor do conceito de Louis Althusser de como o sujeito é interpelado pela ideologia depois de terem visto no quadro a minha versão de um policial britânico abordando um pobre "sujeito" desavisado com gritos de "Ei! Você aí, cidadão!", mostrando que, pelo visto, o pós-marxismo é realmente capaz de criar solidariedade social.

Emoções positivas no contexto acadêmico estão ligadas, como vimos, a "relacionamentos sociais"²⁴⁵. O riso é capaz de promover harmonia social, desde que não seja de escárnio. Jaak Panksepp (o responsável por cunhar o termo "neurociência afetiva") alega que o "gosto pelo humor" dos adultos se origina na infância, e que as crianças adoravam quando alguém as perseguia e fazia cócegas porque isso "excita o cérebro" e promove o vínculo emocional. Nos adultos, o riso "é certamente contagioso, sendo capaz de transmitir a disposição para a solidariedade social positiva, promovendo assim formas cooperativas de interação social"²⁴⁶.

Eu me recordo de apenas um professor em toda a minha vida estudantil que realmente tinha satisfação em dar aulas e nos fazia rir com ele. Esse professor foi quem nos mostrou todo o atrevimento e coloquialidade de Chaucer, e eu ainda me lembro da forma como me senti eletrizada diante do deleite evidente dele. Havia outra professora – amada por todos os alunos – que sempre lia o material das suas aulas em velocidade máxima,

---

243 Ou originalmente: "A Systematic Sensitization Sequence Designed to Help Instructors Become More Comfortable Using Humor in the Classroom". N. T.
244 Weaver; Cotrell, 1987, p. 170.
245 Beard *et al.*, 2014, p. 638.
246 Panksepp, 2000, p. 184.

explicitamente para que pudéssemos escapar mais cedo. (Eu era a única aluna que sempre queria voltar para passar um tempo na biblioteca.)

b. Escutando

Há alguns anos, uma simples pergunta que fiz em uma das minhas turmas da graduação gerou uma reação bem forte. Os noventa e nove alunos presentes, em geral bem falantes, ficaram todos muito calados. Eu repeti a pergunta a respeito do poema que estávamos estudando – e, de novo, nada de resposta. "Qual é o problema?", eu indaguei a eles. Tive que repetir mais uma vez a questão, porque um silêncio aturdido dominava a sala. Nós estávamos perto do fim do período. "Vocês estão com muitos trabalhos para entregar?", acrescentei. Então, a reação da turma me surpreendeu ainda mais que o silêncio. Eu os ouvi contar sobre colegas de quarto que tinham caído doentes, saudade de casa, o estresse da época de provas, a onda de resfriados que não tinha fim. Ao fim da aula, fui rodeada por alunos que repetiam: "Obrigado por nos escutar", "Obrigada por reparar que estávamos aqui – ou, aliás, que nossa cabeça estava longe". Mais tarde, chegaram também e-mails ainda agradecendo a minha atitude atenciosa. E eu fiquei triste por constatar como muitas vezes nós insistimos em arrastar adiante o programa, independentemente do que esteja acontecendo na sala de aula.

Mary O'Reilley sugere que uma boa escuta é benéfica para nós mesmos, além de ajudar os alunos, e afirma: "Eu não sei por que motivo o ato de estar em atenção plena modifica a dinâmica de uma situação, mas posso afirmar sem reservas que é isso que acontece"[247]. A escuta é um fator de incentivo importante para a aprendizagem. O famoso conceito da pedagogia centrada no estudante, de Carl Rogers, foi, segundo Blackie *et al.*[248], utilizado equivocadamente para endossar o ensino remoto. A aprendizagem centrada no estudante visa aumentar o controle do aluno sobre o próprio processo, é verdade. Mas Rogers diz que a "essência da facilitação" está no "relacionamento pessoal entre o estudante e o professor". E afirma: "Na ausência desse relacionamento pessoal, como, por exemplo, em currículos programáticos direcionados tecnologicamente, a aprendizagem torna-se bem menos significativa". Um docente que

---
247 O'Reilley, 1993, p. 49.
248 Blackie *et al.*, 2010, p. 639.

aplique a pedagogia centrada no estudante estará ativamente presente. Mais do que isso, demonstrará "consideração positiva" por seus alunos, "não importando se eles forem bem-sucedidos ou não na sua matéria"[249]. E se isso por acaso soar como santidade ou indiferença, basta saber que tudo que precisamos fazer de verdade – como eu descobri naquele dia de aula perto do final do período – é escutar.

3. Preparando as aulas

a. Estabelecendo um ritmo

Robert Boice sugere manter "um sorriso irônico" quando estivermos preparando as nossas aulas[250]. Eu poderia encerrar este tópico por aqui – só essa sugestão já basta –, mas o próprio Boice também me fez perceber que eu não posso querer entrar calmamente em sala e me deleitar com um debate coerente e bem cadenciado se a preparação da aula tiver sido feita de maneira frenética e ansiosa. "Nós esperamos tempo demais para então mergulhar na preparação, às vezes em maratonas intermináveis. Essa forma de trabalhar não apenas é ineficaz e pouco saudável; ela também tende a se autoperpetuar e se mostra autodestrutiva"[251]. Os meus tópicos favoritos das "Oito Regras para Trabalhar no Ensino com Moderação" propostas por Boice são: "1. Espere, paciente e ativamente. 2. Comece cedo, antes de se sentir pronto. 3. Prepare as aulas e lecione em turnos breves e regulares. 4. Pare, antes que a lei do rendimento decrescente comece a atuar"[252]. Boice advoga tão convincentemente em prol dos efeitos benéficos de seguir essas regras que eu fico me perguntando por que nós não tratamos logo de fazer isso. Ele diz que a questão é que as regras requerem prática e autodisciplina, mas eu penso se isso pode ter a ver também com o fato de nos sentirmos culpados quando o trabalho se torna prazeroso. Se adotarmos o hábito da espera ativa antes de começar a preparar as aulas, teremos um tempo de "pré-preparação" para brincar despreocupadamente com ideias diferentes; se pudermos começar antes de estar nos sentindo inteiramente prontos, não arcaremos com a

---

249 Blackie *et al.*, 2010, p. 639.
250 Boice, 2000, p. 41.
251 Boice, 2000, p. 39.
252 Boice, 2000, p. 18.

obrigação de ter certeza daquilo que queremos fazer; se soubermos parar no momento certo, poderemos refletir sobre a melhor maneira de apresentar nossas ideias. Boice afirma que "a parte difícil da espera ativa é a paciência que ela requer, primeiro para esperar e refletir e preparar ideias e outros materiais para o ensino sem a insistência de que essa tarefa deva ser concluída numa única sessão de trabalho, e em segundo lugar para interromper o trabalho que estamos fazendo em uma preparação de aula e retornar a ele no dia seguinte, tendo assim tempo para imaginar, entre uma sessão de trabalho e outra, maneiras diferentes de engajar os alunos como agentes ativos de aprendizagem"[253]. E nós precisamos esperar "ainda mais nos momentos em que estamos em busca de ideias", diz Boice, que recomenda sempre "paciência e tolerância" – sobretudo em relação a nós mesmos:

> Seja lúdico e otimista quando não estiver conseguindo pensar imediatamente em alguma coisa, dando pistas para si mesmo e tentando chegar à resposta por meio da escrita. Use o método da escrita livre ou a reescrita. Recorra a pausas, momentos de reflexão e sessões breves de trabalho para se manter revigorado e no rumo certo. Imagine o bem, a diversão e o entusiasmo que serão criados quando você apresentar a aula que está preparando[254].

b. Narrando

Ao longo da minha carreira, eu participei de workshops sobre projetos de curso, avaliação significativa e aulas para turmas grandes, mas acabo sempre me sentindo assoberbada quando tenho que começar a estruturar um curso ou planejar a nova versão para um que já leciono. O meu sistema nervoso autônomo se organiza para passar todos os textos aos alunos já no dia seguinte. Eu começo a ordenar e reordenar mentalmente o material, na tentativa de encontrar uma progressão lógica entre os textos, dar aos alunos tempo suficiente para fazer as leituras deles, evitar passar material novo em semanas que estejam mais sobrecarregados de trabalho e querendo conseguir estabelecer um andamento apropriado para o meu curso.

---
253 Boice, 2000, p. 19.
254 Boice, 2000, p. 41.

Este ano, a minha ansiedade ficou ainda maior em razão da exigência administrativa de que fosse incluído um tópico com "Resultados de Aprendizagem" na ementa. Eu achei que seria presunçoso incluir alguns resultados obtidos no período passado, mas agora, depois de o curso já ter sido ministrado, tinham ganhado uma carga de ironia aos meus olhos. Será que eu deveria prometer tornar o aluno "um leitor crítico e pensador, capaz de se comunicar efetivamente, tanto de forma oral quanto escrita"[255]? Ou repetir uma versão da descrição que fiz do meu curso de Crítica e Teoria Literária, algo como: "Você será capaz de: 1) compreender a linguagem da teoria literária e não se sentir intimidado por ela; 2) ter conhecimento das principais teorias que influenciam a nossa maneira de ler textos literários", e assim por diante? Um colega nosso incluiu, em sua ementa de curso, uma breve ressalva que dizia: "Caso conclua este curso com sucesso, você será capaz de…" Mas nem esse recurso da ressalva resolve o problema, que é apresentar resultados de aprendizagem como uma garantia de qualidade. Como Collini ressalta de forma tão desalentadora em seu livro *What Are Universities For?*, mecanismos desse tipo "precisam traduzir realizações humanas complexas e elusivas em algum tipo de 'dado mensurável'":

> Consideremos, por exemplo, as afirmações hoje comuns sobre como as universidades devem "assegurar" a "entrega" da ementa, e assim por diante. Não precisamos analisar muito a fundo as discrepâncias óbvias entre educação e uma pizza para reconhecer aqui os perigos de encorajar usuários desse tipo de linguagem a aplicá-la a uma ementa de curso e à maneira como os alunos interagem com ele: como se o conhecimento fosse algo inerte, algo que é simplesmente passado adiante e deixado à porta das suas mentes[256].

Talvez nós possamos contrabalançar a ideia do curso como mercadoria, recorrendo à visão do curso como narrativa. Como ele se pareceria, sob essa perspectiva, e como isso aumentaria o nosso próprio prazer e o dos alunos? Nós, do campo das ciências humanas, estamos bem familiarizadas

---

[255] Conforme consta no University Degree Level Expectation (UDLES), ou "Expectativas para a formação universitária". N. T.
[256] Collini, 2012, p. 107.

com as narrativas, mas cada vez mais existe um reconhecimento geral dessa "maneira como os seres humanos constroem conhecimento [...] por meio do ato de colecionar e contar histórias"[257]. Um estudo sobre o uso do recurso da narrativa por quatro professores diferentes das matérias iniciais do curso universitário de Biologia demonstrou que os alunos não apenas "se sentiram mais confortáveis na convivência com os docentes" que recorriam às narrativas e "mais envolvidos" com a matéria, como também a metade dos participantes relatou que "as histórias os ajudaram a se recordar dos conceitos"[258]. Aparentemente, os alunos não precisavam se lembrar dos detalhes, mas apenas recordar como a história os fez "pensar durante a aula". As passagens que os estudantes tenderam a memorizar mais detalhadamente foram aquelas com "um teor mais divertido ou surpreendente", levando os pesquisadores a reconhecer que as "emoções" ajudam os estudantes a "se recordar das narrativas e dos conceitos que elas ensinam"[259].

Nós podemos contar histórias durante um curso, mas também podemos conduzir o próprio curso como uma narrativa. Considerando o fascínio humano por ouvir e contar histórias, Joshua Searle-White e Dan Crozier sugerem a conceitualização do "processo de ensino como uma narrativa"[260]. Não é difícil, argumentam eles, descobrir os pontos "dramáticos" de qualquer tema. "Tudo que você precisa fazer é pensar nela [na aula] como uma história por meio da qual os seus alunos serão conduzidos"[261]. Uma narrativa é "simplesmente a descrição de alguma situação, de uma mudança que ocorre a essa situação e o que resulta dessa mudança"[262]. Quanto a mim, percebo que projetar meu curso e pensar nele como uma narrativa lhe confere coerência e lógica, bem como permite que eu enxergue um tema dominante ao qual todos os tópicos estão conectados. O ato de ensinar dramatiza a nossa matéria e a paixão que temos por ela. As histórias são "gratificantes", dizem Searle-White e Crozier, porque por meio delas "pegamos ideias e as costuramos a sentimentos"[263].

---

257 Frisch; Saunders, 2008, p. 167.
258 Frisch; Saunders, 2008, p. 168 e 167.
259 Frisch; Saunders, 2008, p. 168.
260 Searle-White; Crozier, 2011, p. 8.
261 Searle-White; Crozier, 2011, p. 9.
262 Searle-White; Crozier, 2011, p. 8.
263 Searle-White; Crozier, 2011, p. 8.

Contar uma história não é o mesmo que palestrar; trata-se, em vez disso, de recorrer a uma "narrativa corporificada". A contadora de histórias faz adaptações (das nuances, do ritmo, dos detalhes) ao longo do processo, reagindo às reações dos alunos; ou, em outras palavras, os ouvintes "precisam poder participar da criação da narrativa" e a pessoa que conta a história "precisa estar disposta a permitir que os estados físico, intelectual e emocional dos alunos durante a aula afetem a maneira como ela leciona"[264]. Essa concepção de "narrativa corporificada" é a diferença que há entre "assistir a uma aula presencial e aprender por meio da leitura de um livro"[265]. Eu acrescentaria ainda que, embora a tecnologia possa ser usada para transmitir narrativas, dispositivos tecnológicos não são capazes de capturar a "dinâmica de reciprocidade"[266] da contação de histórias. Essa dinâmica acontece em um relacionamento no qual o professor "será influenciado pela energia do momento e por quais forem as necessidades e interesses da turma em questão", e "os alunos irão sintonizar-se com o que está verdadeiramente acontecendo com o professor no processo"[267]. O estudo de Frisch e Saunders constatou que as histórias contadas em aula eram a parte das matérias do curso de Biologia que "os estudantes ficavam entusiasmados para compartilhar com familiares e amigos". Como um participante declarou, "as histórias são aquilo que levamos conosco"[268].

c. Interceptando

Até o ano passado, eu não costumava incluir uma "etiqueta de sala de aula" nas minhas ementas dos cursos, mas acabei percebendo que deixar para falar sobre o assunto no primeiro dia de aula tem pouco efeito. Logo que comecei a atuar como professora, eu me sentia ofendida quando flagrava alunos sussurrando uns com os outros ou lendo o jornal durante uma aula, mas hoje em dia é impossível distinguir a tecnologia, que é parte do processo de aprendizagem, das distrações tecnológicas. No período passado, eu fiquei incomodada com uma aluna específica que parecia

---
264 Searle-White; Crozier, 2011, p. 10.
265 Searle-White; Crozier, 2011, p. 10.
266 Searle-White; Crozier, 2011, p. 9.
267 Searle-White; Crozier, 2011, p. 11.
268 Frisch; Saunders, 2008, p. 168.

viciada em mensagens de texto: ela checava a tela do celular até quando estava aguardando o *feedback* dos colegas depois de ter apresentado um seminário. (Eu pedi uma pausa nas apresentações, nesse dia, e afirmei que ficar olhando o celular não passava uma boa impressão às outras pessoas.) Em três ocasiões, eu conversei com essa aluna sobre o assunto, e ela chegou a me dizer que vivia perto do *campus* e que poderia deixar o celular em casa quando estivesse indo a uma aula minha. Agora, as ementas dos meus cursos passaram a incluir diretrizes explícitas sobre o uso de celular. Para o próximo período, eu vou acrescentar regras também quanto ao uso de *laptops*. Faria Sana e um grupo de pesquisadores conduziram uma série interessante de experimentos que constataram que usar o *laptop* para realizar múltiplas tarefas simultaneamente tem efeitos prejudiciais não só para a pessoa que está fazendo isso como também para aqueles que estão ao redor dela[269].

O caso das mensagens de texto compulsivas durante as minhas aulas terminou no período seguinte, quando a aluna finalmente passou a deixar o celular em casa e se transformou numa participante entusiasmada das discussões. Segundo ela me disse, o hábito de checar a tela do aparelho era apenas para olhar as horas. Regina Conti argumenta que pessoas altamente motivadas costumam cultivar uma série de "habilidades e hábitos" que as levam a atingir o estado de fluxo (o estado de atenção focada que discutimos no Capítulo 1), e que "um desses hábitos provavelmente será uma tendência a se esquecer das horas. Reduzir a atenção dada ao relógio, portanto, talvez seja uma maneira importante, embora até agora subestimada, de promover o estado de fluxo"[270].

4. Corrigindo

Corrigir trabalhos de alunos é uma das partes menos prazerosas da minha vida como professora, e que muitas vezes acaba até me rendendo dor de estômago. Mary O'Reilley costuma ter reações semelhantes a essa incumbência, embora menos severas. "Uma das primeiras coisas que percebi", diz ela, "foi quanta tensão física estava levando para a

---
[269] Sana *et al.*, 2013, p. 24-31.
[270] Conti, 2001, p. 21.

correção dos trabalhos, sem me dar conta disso"[271]. Talvez uma maneira de reduzir o estresse das correções seja garantir que os trabalhos pedidos não funcionem apenas como ferramentas de avaliação, mas se mostrem úteis e prazerosos para os próprios alunos. Minha colega professora Sue Fostaty-Young uma vez chamou minha atenção para o fato de que, do ponto de vista dos estudantes, os trabalhos *são* o curso. Como Therese Huston escreve, "os alunos aprendem conforme o que *eles* fazem durante o seu curso, não a partir do que *você* sabe"[272].

Eu constatei que deixar que os alunos sigam seus próprios interesses resulta em trabalhos muito mais interessantes, com frequência até fascinantes, e que isso também reduz bastante todas as instâncias de plágio. Richard Ryan e Edward Deci diriam que essa é uma estratégia que estimula a "motivação intrínseca" dos alunos. As diferenças entre "pessoas cuja motivação é autêntica (ou seja, criada ou aprovada por elas mesmas) e aquelas meramente controladas por algum fator externo" são bem espantosas: as primeiras demonstram mais "interesse, entusiasmo e confiança, o que por sua vez se manifesta tanto na forma de um desempenho melhorado, mais perseverança e criatividade [...] quanto na forma de um aumento na vitalidade [...] autoestima [...] e bem-estar geral"[273].

Conclusão

Há alguns paralelos bastante instrutivos entre a proposta de Bill Readings, de manter o foco na "cena onde se dá o ensino" a fim de nos salvar da "Universidade em Ruínas", que dá título ao seu livro, e a premissa do Movimento Slow Food, de dar preferência aos produtos locais como forma de "defender ... os prazeres da comida que vêm sendo ameaçados pela padronização ... e pelo fast-food"[274]. Geoff Andrews nos mostra como a "vida acelerada" à qual acabamos nos habituando está "fundamentada no mundo globalizado e na sociedade da informação da contemporaneidade"[275]. Em *The University of Google*[276], Tara Brabazon afirma que a ênfase atual na

---

271 O'Reilley, 1993, p. 74.
272 Huston, 2009, p. 60.
273 Ryan; Deci, 2000, p. 69.
274 Readings citado por Andrews, 2008, p. 17-18.
275 Andrews, 2008, p. 30.
276 Em tradução literal: "A Universidade do Google". N. T.

"transferência rápida do conhecimento" reduziu a diversidade na educação superior. "A afirmação de parâmetros padronizados", diz a autora, "mascara um imperativo de homogeneidade. A educação numa instituição baseada em Perth *deve ser* diferente da que é oferecida em Nova York, em Brighton ou em Osaka"[277]. Brabazon ressalta o surgimento recente de teorias de *des*globalização ao afirmar que "há importantes pesquisas teóricas e empíricas que precisam ser realizadas sobre os vínculos entre letramento crítico, localismo e desglobalização, em vez de seguirmos reafirmando de maneira simplista a padronização, a mesmice e a homogeneidade"[278]. Ela cita ainda a observação de Wittgenstein de que a globalização tem uma "atitude depreciativa em relação aos casos particulares". Da mesma forma que Brabazon faz no contexto da educação superior e Petrini no âmbito da comida, o meu ideal de pedagogia envolve defender tudo que é "local, específico e particular" contra (os efeitos aplainadores [da]) a aceleração[279]. O que imagino como um "Manifesto da Pedagogia Prazerosa" traria o mesmo subtítulo visto no primeiro Manifesto Slow Food, de 1986: "Um Movimento Internacional pela Defesa do Direito ao Prazer"[280].

---

[277] Brabazon, 2007, p. 208.
[278] Brabazon, 2007, p. 208.
[279] Brabazon, 2007, p. 208.
[280] Andrews, 2008, p. 29.

Capítulo Três
....

Pesquisa e Compreensão

Nem tudo o que conta pode ser contabilizado.
Stefan Collini[281]

Eu me lembro de uma vez, quando era criança, em que descobri por acaso uma competição promocional de montagem de quebra-cabeças em uma loja de departamentos e tratei avidamente de me inscrever. Eu era uma dessas crianças sem muitas posses, e a perspectiva de ganhar um prêmio pareceu uma motivação irresistível. Eu não me recordo de qual era exatamente esse prêmio e, com certeza, não fui a ganhadora. O que ficou gravado na memória foi a terrível sensação de pânico que se abateu sobre mim à medida que eu olhava em volta e via a rapidez com que as outras crianças estavam montando os seus quebra-cabeças. Quanto mais eu olhava para o progresso delas, mais ia ficando para trás. Quando soou a campainha, eu estava envergonhada do pouco que tinha conseguido avançar no meu quebra-cabeça. Acabei ficando em último lugar na competição. Eu não estou compartilhando essa história aqui com o intuito de angariar a compaixão de ninguém – o episódio já foi devidamente superado, obrigada, embora

---
[281] Collini, 2012, p. 120.

eu até hoje não goste de quebra-cabeças –, mas sim porque me pego voltando a ela sempre que começo a refletir sobre o clima atual no ambiente universitário. Este capítulo está sendo redigido em maio e eu já comecei a ouvir gente do meio acadêmico (incluindo eu mesma) reclamar de que o verão está passando depressa demais. Não faz muito tempo, eu me vi na situação de ter que perguntar a uma aluna se ela tinha lido o romance que era peça central do tema que havia proposto para sua tese de mestrado, e a resposta que ela me deu foi que "havia lido umas partes". E uma colega que acabou de publicar seu segundo livro e está prestes a assumir um compromisso de serviço comunitário significativo me confessou estar preocupada com o relatório anual de produtividade do ano que vem, porque ele considerará "apenas" artigos de conferência como comprovação de estudos continuados. Todos esses exemplos se encaixam no que o médico Larry Dossey chama de "doença do tempo", ou a "crença obsessiva de que 'o tempo está se esgotando, de que não há tempo suficiente'"[282]. Esse mal acomete toda a comunidade acadêmica, e é alimentado, como temos discutido até aqui, pelo modelo da universidade empresarial. E, se essa "doença" tem efeitos sobre nós como indivíduos, ela também traz consequências negativas para a produção intelectual.

Ao reposicionar os acadêmicos como "principais *players* na economia do conhecimento", a universidade empresarial enfatiza a sua objetificação e mercantilização. Thomas C. Pocklington e Allan Tupper afirmam que "as universidades canadenses passaram a priorizar pesquisas que trazem à luz fatos novos [...] A investigação de ponta tomou o lugar da pesquisa reflexiva – um processo complexo que envolve o pensamento disciplinado a respeito de questões importantes e sobre a qualidade do conhecimento existente – como o conceito dominante na pesquisa universitária"[283]. Partindo da análise feita por Sheila Slaughter e Larry L. Leslie do "*capitalismo acadêmico*" (a aplicação de modelos de mercado à universidade)[284], Daniel Coleman e Smaro Kamboureli descrevem a cultura atual da pesquisa universitária no Canadá como "*capitalismo investigativo*", com a "intensificação [...] da pressão para atrair financiamento externo vindo de governos ou do meio corporativo [...] mas também para produzir conhecimento que seja diretamente

---

[282] Dossey citado por Honoré, 2004, p. 3.
[283] Pocklington; Tupper, 2002, p. 7.
[284] Slaughter; Leslie, 1997, p. 8.

aplicável às necessidades e prioridades da comunidade geral, conforme identificadas (principalmente) pelos setores privado e governamental"[285]. Benjamin Ginsberg é mais incisivo ao afirmar que "os atuais capitães da erudição" enxergam "a universidade como o equivalente a qualquer empresa dedicada à manufatura de bens ou oferta de serviços, cuja produção principal são formas variadas de conhecimento em vez de automóveis, computadores ou aplicativos eletrônicos"[286]. Mesmo se ficarmos com o tom mais comedido de Coleman e Kamboureli, essa ênfase no que é quantificável, aplicável e lucrativo "corre o risco de achatar ou restringir os tipos de atividade intelectual que as universidades reconhecem, promovem e recompensam"[287]. A análise feita por Janice Newson das estruturas atuais de financiamento do trabalho acadêmico no Canadá confirma essa visão. Para aqueles de nós que trabalham na área das ciências humanas e sociais, não é surpreendente a informação de que recebemos uma fatia menor do bolo do financiamento. Ademais, já que a Fundação Canadense para a Inovação e o Programa Canadense de Cadeiras de Pesquisa "requerem que as universidades organizem suas prioridades em torno de áreas focais estrategicamente selecionadas conforme a determinação de seus planejamentos estratégicos institucionais em vez de, por exemplo, de acordo com as prioridades intelectuais e de pesquisa de seus principais pesquisadores e unidades acadêmicas"[288], fica claro que o fato de que as estruturas financiadoras existentes não servem de maneira igualitária a todos os interesses de pesquisa (mesmo dentro de uma mesma disciplina) acaba moldando o tipo de pesquisa que é realizado. O modelo cada vez mais gerencialista da pesquisa acadêmica tira o foco daqueles que estão realizando o trabalho intelectual e prioriza a conformidade com os imperativos institucionais[289]. Todos nós temos visto "o crescimento, nas últimas três décadas, de escritórios de pesquisa compostos basicamente por equipes de gerentes, contadores e profissionais de relações públicas"[290]. Parece um dado bastante significativo que o gerencialismo seja com frequência

---

[285] Coleman; Kamboureli, 2011. Prefácio, p. xiv.
[286] Ginsberg, 2011, p. 168.
[287] Coleman; Kamboureli, 2011. Prefácio, p. xvi.
[288] Newson, 2012, p. 108.
[289] Para uma definição mais completa de gerencialismo, ver a página 101 do trabalho de Newson.
[290] Coleman; Kamboureli, 2011. Prefácio, p. xiv.

percebido pela comunidade acadêmica como um fator responsável por desviar a sua energia e o seu tempo. Coleman e Kamboureli ressaltam, por exemplo, que "níveis elevados de tarefas de gerenciamento [...] desviam tempo do trabalho de pesquisa em si"[291].

Além de privilegiar certas formas de conhecimento em detrimento de outras, a corporativização instaurou uma corrida contra o tempo, que teve consequências importantes na qualidade das nossas vidas profissionais e da nossa produção intelectual. Ao resumir os achados do estudo que fez em parceria com Heather Menzies em 2007 entrevistando outros acadêmicos[292], Janice Newson escreve que "independentemente da área de conhecimento, do status de carreira ou do gênero, a imensa maioria dos participantes relatou dispor hoje de menos tempo do que em estágios anteriores de sua carreira para o pensamento reflexivo e criativo, e que sua gama de leituras acadêmicas e de conhecimento sobre elas estava mais estreita e especializada do que anteriormente, e mais do que eles gostariam que estivesse"[293]. As modificações na natureza do trabalho acadêmico fizeram crescer as expectativas sobre o que significa ser um estudioso produtivo, ao mesmo tempo que trouxeram um aumento no número de alunos por turma e a expansão das atribuições do cargo de professor. Os docentes hoje veem-se num paradoxo. Newson afirma estar "convencida de que uma das principais prioridades do nosso tempo é [...] espaço e tempo para o pensamento reflexivo, crítico e avaliativo"[294]. Da mesma forma, Donna Palmateer Pennee escreve que "tempo" é "a nossa necessidade infraestrutural (além de pessoal e política) mais premente"[295]. E Coleman e Kamboureli, na conclusão de sua coletânea intitulada *Retooling the Humanities*[296], também reafirmam a importância do "tempo como necessidade infraestrutural para a pesquisa nas ciências humanas":

> A maioria dos estudiosos de ciências humanas depende mais do tempo do que de qualquer outro recurso para desenvolver a sua pesquisa, isso sem mencionar a correlação direta que existe

---

291 Coleman; Kamboureli, 2011. Coda, p. 265.
292 Ver "No Time to Think" [em tradução literal: "Sem tempo para pensar"], de Menzies e Newson.
293 Newson, 2012, p. 121.
294 Newson, 2012, p. 122.
295 Pennee, 2011, p. 73.
296 Em tradução literal: "Reaparelhando as Ciências Humanas". N. T.

entre o tempo e a qualidade ou significância do conhecimento produzido [...] Agências de pesquisa e universidades deveriam expandir o significado do termo infraestrutura, para que ele se refira não apenas aos edifícios e ao equipamento técnico como também aos Honorários por Tempo de Pesquisa e outros sistemas de suporte capazes de criar tempo livre[297].

Embora eu obviamente não discorde da necessidade de mais tempo, a solução proposta por Coleman e Kamboureli não é sustentável. A explicação mais simples para isso é que nem todos os pesquisadores receberão remuneração por tempo de pesquisa, portanto essa proposta contribuiria inevitavelmente para exacerbar o "sistema de classes" existente no campo da pesquisa acadêmica, o qual foi citado por Pennee em outro ponto da mesma coletânea. Para ser mais exata, a questão do tempo não pode ser resolvida unicamente pelo acréscimo de mais tempo. A pressão do tempo não vai ser reduzida com a criação de licenças de trabalho destinadas à pesquisa. O desejo por mais tempo é uma espécie de fantasia coletiva. O caminho para escapar da pressão do tempo passa por questionarmos o relógio empresarial por meio da reflexão sobre a forma como percebemos o tempo e sobre as expectativas de produtividade que levam à sensação de não termos tempo suficiente. Se concebermos o tempo apenas em termos de tarefas que foram realizadas (ou dos "itens ticados da lista", como se diz), nós nunca vamos ter tempo suficiente.

O título deste capítulo remete a um alerta bastante persuasivo feito por Stefan Collini sobre a linguagem utilizada na pesquisa e na produção de conhecimento. Ele pondera que "é crucial [...] reforçar que o objetivo do trabalho, especialmente no campo das ciências humanas, pode ser descrito mais corretamente como adquirir 'compreensão' em vez de 'conhecimento'"[298], e vai além, dizendo: "Publicar [...] nem sempre é uma questão de comunicar 'novas descobertas' ou de propor uma 'nova teoria'. Com frequência, o material publicado expressa a compreensão mais aprofundada que um indivíduo alcançou, por meio de muita leitura, discussão e reflexão, a respeito de um tópico que de uma forma ou de outra já é 'conhecido' há várias gerações"[299]. O autor escreve que "é bem fácil que

---

297 Coleman; Kamboureli, 2011, p. 266.
298 Collini, 2012, p. 77.
299 Collini, 2012, p. 123.

'conhecimento' acabe sendo concebido como estoque acumulado"[300]. Ele propõe, em vez disso, que adotemos uma linguagem que fale em "nutrir, animar, revisar e expandir a nossa compreensão"[301], embora reconheça que "qualquer sugestão de resistência a esse deslizamento na direção de um vocabulário inapropriadamente utilitarista provavelmente parecerá quixotesca e, por vezes, simplesmente suicida"[302]. É fundamental que nós, docentes, assumamos esse risco. E o Movimento Slow, no nosso entender, oferece um vocabulário alternativo possível. E, embora a premissa deste livro seja a de que adotar uma abordagem nos moldes do Movimento Slow poderá ser algo benéfico para o nosso bem-estar individual e para todos os aspectos da nossa prática profissional como docentes, o campo específico da produção intelectual é o que está sob maior escrutínio e, consequentemente, configura-se como a nossa maior fonte de ansiedade (a pergunta "Será que estou publicando o suficiente?" costuma martelar mais na nossa cabeça do que, por exemplo, "Será que estou contribuindo o bastante para o Comitê de Premiações na Licenciatura?"). O jargão corporativo foca as "entregas" de pesquisa mais do que outras atribuições do nosso trabalho de docentes, como, por exemplo, ensinar. Coleman e Kamboureli comentam que "o ensino e a aprendizagem [...] têm sido vistos cada vez mais como um derivado tangencial das descobertas ou da pesquisa aplicada"[303] e apontam que o "abandono do ensino de graduação"[304] é um dos pontos centrais do livro de T.C. Pocklington e Allan Tupper *No Place to Learn: Why Universities Aren't Working*[305]. Considerando que a universidade empresarial empurrou agressivamente a pesquisa (de um determinado tipo) para o posto de prioridade absoluta, é nessa dimensão do nosso trabalho que a maioria de nós se vê mais vulnerável às formas como a linguagem corporativa é capaz de – para recorrer à expressão cunhada oportunamente por Collini – "colonizar nossas mentes"[306]. Por outro lado, me parece que se a pesquisa é o que traz maior visibilidade à

---

300 Collini, 1999, p. 237.
301 Collini, 1999, p. 238.
302 Collini, 1999, p. 239.
303 Coleman; Kamboureli, 2011. Prefácio, p. xvi.
304 Coleman; Kamboureli, 2011, p. 6.
305 Em tradução literal: "Sem lugar para aprender: por que as universidades não estão funcionando". N. T.
306 Collini, 2012, p. 95.

universidade atualmente, ela oferece também um campo fértil para ações de resistência. Nós *temos o poder* de escolher a maneira como vamos falar sobre a nossa produção intelectual uns com os outros e também num âmbito mais público. Eu me lembro de ter lido há alguns anos, na revista do meu *campus*, uma entrevista com um estudioso de teoria política a respeito do seu livro mais recente, e do tremendo alívio que senti ao me deparar com a sua declaração, sem rodeios, de que havia levado mais de dez anos para escrevê-lo. No clima atual, dominado pela cultura da eficiência, declarações públicas desse tipo são atos cotidianos de rebelião.

Collini descreve a vida acadêmica atual como "perturbada, atolada em números, assombrada por métricas de desempenho, tomada pela correria atrás de bolsas [...] muito distante dos ideais clássicos de uma rotina contemplativa"[307]. O Movimento Slow pode resgatar o nosso contato com o que significa verdadeiramente o trabalho intelectual. Em vez de "eu estou produzindo", nós podemos dizer a nós mesmos e às outras pessoas: "eu estou contemplando...", "eu tenho dialogado com...", ou até mesmo "eu estou numa busca prazerosa por..." Certamente, o ponto levantado por Maggie sobre a importância do prazer no ato de ensinar também é pertinente no contexto da produção intelectual. A filosofia Slow possibilita maneiras de pensar sobre a pesquisa que desafiam o *ethos* corporativo. Fazer uso da linguagem do Slow nos conecta a um movimento político e social mais amplo. E isso é benéfico por si só. Uma colega comentou comigo que só conseguiu completar a sua transição para o veganismo depois que encontrou uma comunidade de adeptos da mesma filosofia. Saber que existe um movimento mundial que prega a desaceleração pode servir de combustível para nós, docentes, e isso é importante, porque questionar o modelo dominante de pesquisa é uma tarefa difícil – remar contra a corrente, em geral, costuma ser qualquer coisa, menos fácil. Desacelerar quer dizer reafirmar a importância da contemplação, do senso de conexão, da fruição e da complexidade. É uma decisão que dá sentido à escolha de deixar que a pesquisa tome o tempo necessário para amadurecer e faz com que seja mais fácil resistir às pressões para avançar mais depressa. É a desaceleração que dá sentido à visão do trabalho intelectual como uma comunidade, e não uma competição. E

---

[307] Collini, 2012, p. 19.

dá sentido também aos períodos de descanso, com um entendimento de que a pesquisa não avança como se fosse uma entidade mecânica: ela tem os seus ritmos, o que significa incluir pausas e períodos que podem parecer improdutivos. É o que nos permite trocar a preocupação com o relatório anual de produtividade pela reflexão sobre o que parece mais sustentável em longo prazo. E a importância da sustentabilidade se estende para além do indivíduo, abrangendo a robustez do trabalho intelectual como um todo. O Movimento Slow Food, como explicamos, foi motivado em parte pelos efeitos prejudiciais do agronegócio sobre o meio ambiente. E as políticas ambientalistas defendidas por ele nos oferecem metáforas interessantes para pensar sobre mudanças na cultura da pesquisa dentro da universidade empresarial. Nós podemos dizer que a ênfase no que é quantificável, aplicável e lucrativo atenta contra a comunidade intelectual (por lançar indivíduos, departamentos, faculdades e universidades numa competitividade ainda mais acirrada) e contra a diversidade intelectual. Ela homogeneíza o trabalho dos estudiosos e ameaça extinguir algumas formas de investigação científica. O ambientalista David W. Orr, em seu livro *The Nature of Design: Ecology, Culture, and Human Intention*[308], examina o contraste entre "conhecimento acelerado" e "conhecimento sem pressa", dizendo que "o conhecimento acelerado é, na maior parte, linear", enquanto "o conhecimento sem pressa é complexo e ecológico", "moldado e calibrado para se encaixar em um contexto ecológico e cultural específico" com "o objetivo de criar […] resiliência, harmonia e a preservação de padrões que promovem conexão"[309]. Nicola Perullo, partindo da distinção criada por Orr, compara o "conhecimento acelerado" a "uma espécie de supermercado do pensamento […] ele pode ser facilmente reproduzido e aplicado em outra parte; é um modelo de padronização e franchising"[310]. E é esse "supermercado da pesquisa" o modelo propagado pela universidade empresarial, ao qual cabe a nós oferecer resistência. O tempo corporativo acelera e objetifica a pesquisa, além de objetificar aqueles que se dedicam à produção de conhecimento e os temas estudados. A cultura da aceleração (e os valores de eficiência, produtividade, aplicabilidade e transmissibilidade associados a ela) vai

---
308 Em tradução literal: "A natureza do design: ecologia, cultura e intenção humana". N. T.
309 Orr, 2002, p. 39 e 40.
310 Perullo, 2007, p. 19.

contra um entendimento da dimensão ética do tempo, por excluir maneiras potenciais de ser e de conhecer. O meu foco pode ser resumido como a visão do tempo em termos de relacionamento, comigo mesma e com as outras pessoas. Eu tenho marcada na memória a lembrança de como a pesquisa especialmente prolífica de uma colega foi celebrada durante um evento na universidade: "Ela é uma máquina", declarou com orgulho o palestrante. Não estou querendo fazer aqui nenhum comentário sobre o trabalho dessa colega, mas quero deixar registrado meu ceticismo com relação aos termos segundo os quais ela foi elogiada, que revelam como os modelos de aceleração e mecanização tomaram conta da maneira como pensamos o trabalho intelectual e sobre nós mesmos. Desacelerar é uma questão altamente relevante do ponto de vista ético. Conduzir a si próprio como se fosse uma máquina deveria ser reconhecido como uma forma de autoabuso (na introdução deste livro, nós incluímos estudos que documentam a correlação entre expectativas crescentes de produtividade e estresse). Além do mais, funcionar maquinalmente com certeza não vai alimentar em ninguém compaixão pelas pessoas. No capítulo anterior, Maggie citou um comentário de Mary O'Reilley sobre como a sobrecarga de trabalho nos faz "odiar os estudantes"[311]. Essa ideia pode ser amplificada. Embora "odiar" seja um termo forte, a sobrecarga de trabalho certamente nos torna mais mesquinhos, impacientes e apressados. Desacelerar, ao contrário, tem a ver com permitir mais espaço para os outros e para a alteridade. E, nesse sentido, desacelerar é uma escolha ética.

Wendy Parkins e Geoffrey Craig definem a "ética do tempo" como "reservar tempo para si mesmo e para os outros"[312]. Vamos analisar separadamente esses dois pontos. O que significa "tempo para si mesmo" no contexto do trabalho intelectual? Para mim, quer dizer uma troca da perspectiva dominante do tempo como algo linear e quantificável pela visão do tempo como um processo de transformação. Ou seja, em vez de pensar no tempo como uma acumulação de "linhas extras no CV" (ideia que foi inculcada em muitos de nós durante a pós-graduação), eu tenho tentado pensar no tempo como a evolução do desdobrar de quem eu sou como ser pensante. Em um sentido mais amplo, estou tentando mudar o foco do produto acabado (o livro, o artigo ou a apresentação

---

311 O'Reilley, 1993, p. 50.
312 Parkins; Craig, 2006, p. 47.

em questão) para o processo de desenvolvimento da minha compreensão sobre um tema. Isso não quer dizer que livros, artigos e apresentações não serão escritos (embora talvez eles comecem a aparecer em menor número), mas sim que haverá uma transformação na minha experiência de escrevê-los, já que essa mudança de foco reduz a pressão do tempo. Eu posso manter como pano de fundo mental a questão proposta por Readings, que se aplica tanto aos estudantes quanto a nós, docentes: "Quanto tempo leva para se tornar 'formado'?"[313]. Nossa tendência é enxergar o tempo como algo que passa e se esvai. Entretanto, adotar o conceito de tempo como algo "constitutivo, um vir a ser daquilo que *não* foi antes"[314] nos conecta ao trabalho intelectual que realizamos, ao mesmo tempo que oferece oposição ao modelo corporativo. Em seu famoso livro *The Courage to Teach: Exploring the Inner Landscape of a Teacher's Life*[315], Parker J. Palmer estabelece como ponto fundamental que *"a boa qualidade do ato de ensinar não pode ser reduzida à técnica; ela vem da identidade e da integridade do professor"*[316]. Para Palmer, pedagogia tem a ver com "senso de conexão"[317], e esse princípio também é relevante para o trabalho intelectual. Collini nos recorda de que esse tipo de trabalho é "uma atividade *humana*, portanto inseparável da pessoa que a está realizando [...] e as possibilidades de ampliar a nossa compreensão dependem não apenas daquilo que nós já compreendemos, mas também do tipo de pessoa que nos tornamos"[318]. Os "achados" intelectuais, portanto, vão depender de quem os está buscando; e a pessoa buscadora, por sua vez, é constituída por aquilo que descobre. Se adotar uma abordagem exclusivamente objetificante do pensamento intelectual, eu passo a funcionar maquinalmente. E, transformando-me numa máquina, eu me torno um sujeito do neoliberalismo. Como Carlo Petrini observa, em *Slow Food Nation*, "melhor [...] 'gastar' tempo – não no sentido de descartá-lo, como se faz com tudo que não tem utilidade para os discípulos da aceleração, mas tirar tempo para pensar,

---

313 Readings, 1996, p. 25.
314 Readings, 1996, p. 40.
315 Em tradução literal: "Coragem para ensinar: explorando a paisagem interior da vida de professor". N.T.
316 Palmer, 1998, p. 10.
317 Palmer, 1998, p. 11.
318 Collini, 1999, p. 237.

para 'perder-se' em pensamentos que não sigam uma linha utilitária; para cultivar uma ecologia da mente, a regeneração da sua existência pessoal"[319].

O "tempo para si mesmo" está intimamente relacionado ao "tempo para o outro"[320]; e, na verdade, não é possível haver um sem o outro. Wendy Parkins e Geoffrey Craig observam que o "grau de dispersão da vida acelerada muitas vezes pode inviabilizar" o nosso "olhar para a alteridade – outras pessoas, outros lugares, outros tempos"[321]. Todos nós já tivemos comprovações empíricas disso. Mandar uma resposta que avalie detalhadamente o rascunho enviado por um colega, por exemplo, é algo que toma tempo, mas que não se encaixa na lógica contabilística. Agir eticamente, na verdade, pode algumas vezes significar agir com ineficiência. Esse é mais um risco que vale a pena assumir. Ademais, as implicações que isso traz para a natureza do trabalho intelectual como um todo são profundas. Segundo Readings, o pensamento intelectual "pertence mais a uma economia do desperdício do que à estreiteza de uma economia da calculação"[322]. Ele "não tem a função de dar resposta, e sim de propor uma *questão*"[323]. Essa concepção da "atividade de pensar"[324] – expressão que deveria ocupar o topo da lista na descrição da nossa função profissional – é contrária à universidade empresarial e ao seu estímulo para que encontremos respostas para questões investigativas que possam ser mercantilizadas da forma mais eficiente possível. O ato de pensar reflexivamente está ligado a uma atitude de abertura à alteridade. Readings escreve: "A obrigação para com a comunidade [...] [é] algo pelo qual nós respondemos, mas não temos como prover respostas para ela"[325], uma vez que "nunca sabemos de antemão qual é a natureza de nossas obrigações para com os outros, obrigações essas que não têm outra origem senão o mero fato da existência da alteridade – pessoas, animais e coisas para além de nós mesmos –, que compreende uma calculação

---

319 Petrini, 2007, p. 180.
320 Parkins; Craig, 2006, p. 47.
321 Parkins; Craig, 2006, p. 4.
322 Readings, 1996, p. 175.
323 Readings, 1996, p. 160.
324 Readings, 1996, p. 192.
325 Readings, 1996, p. 187.

incalculável"[326]. Eu vou recorrer aqui às referências de Readings ao animal não humano para ilustrar meu ponto sobre a transposição da ética do tempo da filosofia Slow para o trabalho intelectual. Em seu texto, ele prossegue dizendo: "Acreditar que sabemos de antemão o que significa ser humano [...] é o primeiro passo para o terror, uma vez que implica ser possível saber o que é não humano, o que é aquilo sobre o qual não temos nenhuma responsabilidade, e que portanto podemos explorar livremente"[327]. Encontrar resposta para a questão do que significa ser humano cria por si só as condições – "um álibi"[328] – para a exploração daqueles que não se encaixem no *status* de humanos, um ponto que está no cerne dos estudos animais, dos estudos críticos animais e das teorias pós-humanistas. A conexão que estou tentando esboçar aqui entre a investigação intelectual exploratória e a abertura ética à alteridade do não humano é vibrantemente ilustrada por um dos romances de Jane Smiley.

Muu, publicado em 1995, inclui agentes não humanos na reflexão que faz sobre a vida universitária contemporânea. Quando eu li o livro pela primeira vez, no final dos anos 1990, a impressão foi de que se tratava de uma trama sobre a luta das universidades em meio ao conservadorismo político e religioso do Meio-Oeste dos Estados Unidos e sua tentativa de demonstrar relevância a fim de atrair "corporações gigantescas, potenciais investidoras de grandes quantias de dinheiro"[329]. Na releitura que fiz mais recentemente, a Universidade Muu já não me pareceu mais um cenário situado a uma distância segura – hoje, a coisa toda soa familiar demais. Embora demonstre simpatia para com todos os personagens (um elenco composto por alunos da graduação, professores dos mais diversos matizes políticos e religiosos, funcionários, administradores, magnatas, fazendeiros da região, cavalos e o inesquecível porco chamado Earl Butz), a narrativa não é nada simpática ao sistema onde se desenrola: o livro aponta os efeitos da corporativização, desde as salas lotadas de alunos até a sensação de solidão, passando por cortes de pessoal e pesquisas orientadas pelas demandas do mercado. O tom de sátira mais cortante é reservado para as consequências ambientais da universidade empresarial;

---
326 Readings, 1996, p. 188-9.
327 Readings, 1996, p. 189.
328 Readings, 1996, p. 189.
329 Smiley, 1995, p. 21 da edição original em inglês.

na verdade, Smiley chegou a declarar que inicialmente pensou no livro não como uma narrativa passada na universidade, mas como um romance ambientalista[330]. Na trama, o economista dr. Lionel Gift, o docente mais bem pago do *campus*, está envolvido num projeto que propõe a exploração de minérios na Costa Rica; o dr. Dean Jellinek dedica atenção ao seu "projeto de lactação sem bezerros"[331]; e a universidade considera financiar um museu para "celebrar a história natural das galinhas e as glórias da tecnologia moderna de processamento de aves"[332]. O contraponto ético da história aparece na figura de Earl Butz, um porco que vive isolado e confinado para um projeto de pesquisa. Com frequência, o personagem é a representação simbólica de "uma faculdade que perde de vista a sua função e passa a crescer sem nenhuma coordenação central de ideias ou controle"[333]. Mas o porco Earl é mais do que um símbolo e mais do que um experimento científico: Smiley consegue angariar uma enorme dose de empatia pela vida e pela morte do personagem. No capítulo 36 do livro, lemos as instruções do dr. Tim Monahan para sua turma de alunos de escrita criativa: "Reescrevam a história que escolheram trabalhar do ponto de vista de um personagem diferente". Monahan prossegue, alertando que "é arriscado escolher [...] o ponto de vista de um bicho de estimação"; e que esse foi um "truque [...] já tentado anteriormente [...] e que fracassou todas as vezes"[334]. Ainda assim, é exatamente isso que o próprio romance faz (o capítulo 37 é sugestivamente intitulado "A Opinião de Earl"). O personagem Earl é um "indivíduo dotado de cérebro"[335]. É um ser senciente e emocional, com preferências próprias (ele gosta de ter o seu viveiro limpo, gosta quando alguém o coça, gosta de brinquedos, gosta de rádio) e que guarda lembranças distintas de "folhas marrons farfalhantes" e "da grama úmida sob os raios de sol"[336]. O romance de Jane Smiley pode ser visto como um protesto lírico contra os valores de eficácia, produtividade e mercantilização, uma vez que abre espaço justamente para as relações que a universidade empresarial ameaça tolher, os laços, voltando a citar

---

[330] Nakadate, 1999, p. 191 e 195.
[331] Smiley, 1995.
[332] Smiley, 1995.
[333] Schaefer, 1999, p. 3.
[334] Smiley, 1995.
[335] Smiley, 1995.
[336] Smiley, 1995.

Readings, de "obrigação" para com a "Alteridade – pessoas, animais e coisas para além de nós mesmos"[337].

O compromisso ético com animais na posição de sujeitos, e não objetos, é um dos exemplos de como o pensamento dentro da filosofia Slow pode funcionar (além de ser um tópico de pesquisa de especial interesse para nós, autoras), mas o ponto que queremos ressaltar aqui é mais geral: o espaço da crítica social torna-se ameaçado no contexto da universidade empresarial. Robert Hassan escreve que o "instrumentalismo considera o mundo em grande parte tal como ele é apresentado, e busca encontrar meios de viver nele que sejam ainda mais produtivos e eficientes"[338]. A mudança trata de passar o foco do pensamento dos "porquês" para o "'como' das coisas"[339]. Essa é uma das discussões mais relevantes levantadas na literatura sobre a educação superior.

Por exemplo, em seu livro *Not for Profit: Why Democracy Needs the Humanities,* Martha C. Nussbaum expressa o temor de que "caso a corporativização da educação superior continue, não vai demorar para nações do mundo todo passarem a produzir gerações de máquinas úteis em vez de cidadãos completos e capazes de pensar por si próprios, criticar tradições e compreender a significância dos sofrimentos e conquistas de outra pessoa"[340]. Giroux escreveu extensivamente sobre o ataque à democracia e à dissidência que é representado pela universidade empresarial. De modo semelhante, Magda Lewis escreve que "a moeda de troca" e a "intensificação amplamente reconhecida da carga do […] trabalho acadêmico […] encoraja[m] as pessoas a anular as implicações verdadeiras daquilo que sabemos em troca da tranquilidade mais 'vendável' produzida pelo não saber"[341]. Ademais, tanto Magda Lewis quanto Margaret Thornton são bastante persuasivas em seus respectivos argumentos de que a corporativização tem implicações específicas para o feminismo no meio acadêmico:

> Considerando que é primariamente como sujeitos do neoliberalismo que os acadêmicos em geral são valorados hoje em dia, o que se espera das pensadoras do feminismo é

---
337 Readings, 1996, p. 189.
338 Hassan, 2003, p. 229.
339 Menzies; Newson, 2007, p. 92.
340 Nussbaum, 2010, p. 2.
341 Lewis, 2005, p. 20.

que elas, assim como seus pares, ponham-se a serviço da nova economia do conhecimento em vez de criticá-la. E, graças à relação paralela entre feminismo e pensamento crítico, a contração do espaço reservado ao último no meio acadêmico levou necessariamente à contração do feminismo[342].

E se, como observa Thornton, "assume-se que o conhecimento tecnocrático e aplicado, transmitido na forma de informação, não necessita ser interpretado, pois fala por si mesmo"[343], o tipo de produção de conhecimento que é encorajado na universidade empresarial tem um viés profundamente ideológico. A corporativização "vem facilitando a remasculinização da academia sob uma fachada de racionalidade, neutralidade e conhecimento tecnocrático"[344]. A "desvalorização" das ciências humanas e sociais "inclui um pernicioso componente de *gênero*"[345].

A linguagem das novas descobertas, da transferência de tecnologia, economia do conhecimento, geração de subsídios, pesquisa de ponta, eficiência e prestação de contas adotada pela universidade empresarial é dominante na abordagem adotada para a produção intelectual acadêmica, tanto dentro da instituição universitária quanto fora dela. Collini chama essa linguagem de "cutuquês"[346] – termo que é perfeito para evocar a ideia da dor que ela nos causa! Esse é o idioma difundido publicamente, que nós tivemos que aprender a falar. E, associada à pressão consistente para que atuemos o tempo todo no âmbito dessa linguagem, vem a crença frequentemente expressa de que ela constitui meramente um adorno estético. Nós já ouvimos falas como: "Nós precisamos cumprir a exigência de alinhar os interesses de pesquisa do departamento à missão mais ampla da universidade. Mas não precisa se preocupar, isso não vai mudar aquilo que fazemos na prática. Então, se entregarmos logo o relatório com o que estão pedindo, poderemos voltar mais depressa ao nosso trabalho de verdade". Acontece que as condições para a pesquisa acadêmica vêm sendo modificadas de maneiras muito palpáveis, e as consequências disso, como tentei explorar anteriormente, têm implicações éticas e políticas bastante

---

342 Thornton, 2012, p. 89.
343 Thornton, 2012, p. 87.
344 Thornton, 2012, p. 77.
345 Lewis, 2005, p. 17.
346 No original, "prodspeak". N. T.

amplas. Ademais, como Collini também observa argutamente, "quanto mais nós falarmos a língua do cutuquês, mais teremos que viver de acordo com ela"[347]. Eu penso que nós, docentes, superestimamos coletivamente a nossa capacidade de não nos deixar modificar pela nova linguagem pública – de conseguir ludibriá-la, por assim dizer – quando o que a nossa experiência empírica indica é que temos, sim, internalizado cada vez mais o "cutuquês". Nas páginas finais deste capítulo, eu farei um registro da minha tentativa de combater a internalização do vocabulário corporativo e de alterar o meu diálogo interno a respeito do trabalho de pesquisa (também conhecido como pensar, ler e escrever). O que você vai ler nelas não pretende ser uma receita (parafraseando Palmer, a boa pesquisa não pode ser reduzida à técnica) – em vez disso, a lista de afirmações que ofereço foi concebida como um apanhado de sugestões potencialmente capazes de desacelerar o ritmo do trabalho intelectual. Talvez elas soem óbvias; no entanto, não consigo imaginar muitos colegas — ou nem um que seja — capazes de discordar da ideia de que realizar um bom trabalho é algo que toma tempo. Ainda assim, coletivamente, a academia já não endossa essa ideia. Afirmações, de modo geral, são um prato cheio para a paródia (basta lembrar do personagem meio *nerd* e adorável de Al Franken no filme *Como Salvar sua Família*, da sua fixação por autoajuda e do jeito como repetia o tempo todo: "Eu sou bom o suficiente, sou inteligente o suficiente e, que se dane, as pessoas gostam de mim"). Entretanto, a prática das afirmações baseia-se no entendimento de que, embora um indivíduo possa aceitar racionalmente que o que importa é a qualidade e não a quantidade, conseguir internalizar essa ideia e realmente acreditar nela em meio a uma cultura que nos bombardeia com mensagens em contrário e lança na nossa direção uma corrente ininterrupta de demandas é algo bem diferente.

1. *Simplesmente espere.* Horácio recomendava uma espera de nove anos entre a escrita e a publicação de um material. Nós sabemos bem que não dispomos disso tudo, mas, ainda assim, "pensar leva tempo"[348]. É isso que costumamos dizer aos alunos da graduação que chegam ao nosso escritório querendo "pegar" uma argumentação para a sua monografia ali,

---
[347] Collini, 1999, p. 240.
[348] Jönsson, 2001, p. 61.

na mesma hora, mas também precisamos repetir isso para nós mesmos e uns para os outros. Nós temos que admitir que a aceleração produz resultados aquém do desejável. Eu mesma enviei o manuscrito de um livro para avaliação da editora antes que ele estivesse totalmente pronto, principalmente porque vinha me sentindo ansiosa por não publicar o suficiente. É óbvio que ele foi rejeitado. Decidi então tirar uma folga e reservar o tempo necessário a esse projeto, que depois disso teve um final feliz. Voltando ao exemplo da aluna da pós-graduação que mencionei no começo do capítulo, ela não era de forma nenhuma uma "má" aluna. Longe disso. Era só uma estudante tentando conciliar as matérias da faculdade com a redação do seu relatório de monitoria e o início de um projeto de pesquisa próprio, que exigia atenção aos prazos de envio dos projetos para bolsas. E também alguém que estava agindo de acordo com os imperativos da cultura à sua volta. Os pós-graduandos, diante da escassez de programas de subsídio à pesquisa e de perspectivas de emprego, ficam especialmente vulneráveis à cultura da aceleração – e as expectativas que enfrentam para se render a carreiras profissionais fora da academia são cada vez maiores. Collini comenta: "Deixar as pessoas tão tensas a ponto de que passem a sofrer de *publicatio precocis* vai servir para melhorar a vida intelectual de um indivíduo tanto quanto uma 'taxa de produtividade' mais acelerada de ejaculações serviria para melhorar a sua vida sexual. O que isso faz na verdade é, por exemplo, dificultar que os pesquisadores, especialmente os mais jovens, se disponham a assumir projetos de maior vulto que talvez não lhes garantam menções nas declarações de produtividade anual da universidade por vários anos, mas que quando forem enfim concluídos terão uma significância muito maior do que um currículo inteiro de artigos ligeiros e 'sínteses' prematuras"[349].

2. *Oi, Lado B!* O caminho para chegar a um artigo ou livro publicado, ou para ter uma aplicação para bolsa de pesquisa aprovada, muitas vezes é tortuoso. Como diz um colega, sempre há um "currículo do Lado B", onde se acumulam os desvios de rota, atrasos e projetos abandonados que costumamos omitir na versão oficial. Todos nós temos um desses, e

---
349 Collini, 2012, p. 127.

deveríamos falar mais abertamente sobre isso. E, além disso, deveríamos nos lembrar também de que o processo da escrita pode ser algo muito difícil, e que haverá dias em que as coisas simplesmente não vão correr bem. Haverá momentos em que o "tirano interior"[350] vai falar mais alto, insistindo que nossas ideias não são originais, que estão mal formuladas e óbvias demais, que não estamos levando em consideração uma mudança importante no campo do tema X e que nosso estilo de escrita carece de sofisticação. Ou, em resumo, que não somos bons o suficiente. A maioria de nós costuma esconder esses sentimentos de vergonha. E, se por acaso deixamos escapar que nosso processo está sendo complicado, as respostas que recebemos nem sempre ajudam. Eu já tive colegas que me retrucaram que o trabalho deles estava correndo muito bem, obrigado, e outros, com um pouco mais de generosidade, comentaram que "todos nós nos sentimos assim às vezes", mas trataram de mudar rapidamente de assunto. Esse clima de negação e constrangimento revela bastante sobre a ansiedade generalizada dos docentes com relação à produtividade. A cultura da excelência faz com que seja difícil admitir as próprias dificuldades.

3. *"Mais" não quer dizer necessariamente "melhor"*. Jane Austen escreveu "só" seis romances (e nenhum deles muito extenso, pelos padrões do século XVIII), mas eles são todos muito bons. Nós precisamos ter sempre em mente a maneira como Collini refuta a cultura da contabilização: "[O trabalho intelectual] não é algo a ser *mensurado,* e sim *avaliado.* Compreender essa distinção, entendê-la de verdade, é o primeiro passo da sabedoria nessa seara"[351]. É uma triste verdade a afirmação de Magda Lewis, quando diz que o clima atual no meio acadêmico "encoraja as pessoas a enfeitar muito a embalagem a fim de disfarçar a pobreza que ela contém"[352]. E, como observa Joëlle Fanghanel, "as maneiras tradicionais de avaliar a qualidade na academia – baseadas na revisão por pares e no julgamento profissional ancorado em princípios disciplinares – vêm sendo ameaçadas por métodos calcados em performatividade, que enfatizam o generalismo, a eficiência e a transparência"[353].

---

350 Rettig, 2011, p. 21.
351 Collini, 2012, p. 122.
352 Lewis, 2005, p. 20.
353 Fanghanel, 2012, p. 28.

4. *Às vezes, mais é mesmo melhor.* O "Concurso de Teses em Três Minutos" (criado originalmente na Universidade de Queensland, Austrália, em 2008) é mesmo um sinal dos tempos. O website da universidade alardeia com orgulho que "uma tese de 80 mil palavras levaria tradicionalmente nove horas para ser apresentada à banca. O tempo-limite que eles têm [...] 3 minutos". Capacidade de concisão é uma coisa boa, é claro, como nos lembra o verso de Jonathan Swift a respeito do amigo Alexander Pope: "Numa só estrofe ele diz / Mais do que eu saberia em seis"[354]. Mas os poemas de Pope não são conhecidos exatamente por serem breves (*A Imbecilíada* chega a mais de 800 estrofes). Concisão não tem a ver necessariamente com ser breve, mas com a capacidade de se exprimir com clareza. A brevidade não é uma virtude em si mesma. Vivendo numa cultura na qual "a noção de verdade espontânea e sem atrito hoje rege as condições para todas as formas de inteligibilidade"[355], nós precisamos nos lembrar do valor da densidade, da complexidade e das ideias que resistam à rápida aplicação.

5. *Caminhe até a biblioteca.* Como Nicholas Carr demonstra em seu livro *A Geração Superficial,* a era digital, embora tenha nos beneficiado de muitas maneiras, também traz desvantagens. Estudos demonstram que em vez de ter ampliado a gama de referências na produção intelectual, a digitalização a reduziu. Eu já sabia que isso era verdade pelos trabalhos dos meus alunos da pós-graduação, por causa da uniformidade chocante de fontes secundárias utilizadas neles (qualquer artigo que não tenha um "link para o texto completo" facilmente disponível na base de dados da biblioteca é imediatamente descartado), mas fiquei surpresa ao ler que essa superficialização está acontecendo em todos os níveis da academia. James A. Evans, em seu trabalho "Electronic Publication and the Narrowing of Science and Scholarship"[356], demonstra que, "à medida que os arquivos de periódicos foram sendo disponibilizados on-line, tanto em repositórios de acesso pago quanto em websites gratuitos, o padrão das citações foi se modificando. Depois que trabalhos mais antigos passaram a ser

---
[354] Swift, 2003, p. 49-50.
[355] Giroux, 2012, p. 104.
[356] Em tradução literal: "Publicação eletrônica e o estreitamento da ciência e do trabalho intelectual". N. T.

disponibilizados, artigos mais recentes começaram a ser referenciados; e depois que mais artigos ficaram disponíveis, menos passaram a ser citados, e as citações se tornaram mais concentradas em um número menor de artigos"[357]. O autor faz, em seguida, um alerta: "A busca on-line é mais eficiente, e clicar em hiperlinks põe os pesquisadores rapidamente em contato com a opinião prevalente, mas isso pode contribuir para acelerar o consenso e estreitar o âmbito dos achados e ideias desenvolvidas a partir deles"[358]. A ideia não é que você possa entrar e sair do processo da pesquisa o mais depressa possível. Nós, pesquisadores, precisamos vaguear por entre as estantes de livros para ver o que poderemos encontrar nelas, precisamos nos dar tempo para "deparar com aquilo que [...] não conseguiríamos descrever na forma de uma palavra-chave num campo de busca"[359]. Nós precisamos criar tempo para o que Julio Alves chama de "Conhecimento não Intencional: aquilo que encontramos quando não estamos procurando", e precisamos nos posicionar coletivamente em favor da importância das bibliotecas físicas.

6. *Simplesmente leia.* Nós precisamos nos dar tempo para ler coisas que não "temos que" ler. Só porque a leitura não pode ser facilmente quantificada, isso não reduz o seu valor. Quando nos perguntam "Em que você trabalhou hoje?", muitos de nós assumem um tom de desculpas nas vezes em que a resposta é: "Fiz só algumas leituras". Isso me remete à famosa passagem em *A Abadia de Northanger,* de Jane Austen, em que o narrador faz uma defesa de romancistas e leitores ao mesmo tempo que satiriza os costumes culturais da época: "'E o que está lendo, senhorita?' 'Oh! É apenas um romance', a jovem responde, pousando o livro com afetada indiferença, ou uma vergonha momentânea"[360]. Muitos de nós sentem que a leitura – a menos que ela esteja diretamente ligada à produção de material publicável – não é trabalho de verdade, por ser uma atividade prazerosa. (Eu mesma já me peguei indagando: "Ler conta mesmo como trabalho?"). Nesse contexto, as palavras de Collini chegam como um alento. Durante os preparativos para a visita de um novo administrador

---
357 Evans, 2008, p. 398.
358 Evans, 2008, p. 395.
359 Solnit, 2015.
360 Austen, 2006, página 31 da edição original em inglês.

a várias faculdades, pediram a ele que criasse em seu escritório uma representação compatível com a ideia de "pesquisa". "Naturalmente", diz o autor, "eu fiquei refletindo por um bom tempo sobre que tipo exato de *tableau vivant* melhor representaria essa atividade [...] Até que, por fim, me dei conta de que, se queriam que eu representasse a 'pesquisa em ciências humanas', claramente a melhor coisa para isso seria ficar sentado em minha sala, sozinho, lendo um livro"[361]. Collini fantasia também a respeito de um relatório de desempenho anual que mencionasse apenas: "Releitura da Obra Completa de Henry James, com Destaque para o Fato de Ter Chegado ao Final de *A Taça de Ouro* Desta Vez"[362].

7. *Mais Muu, por favor*. Embora sejamos muito boas em fazer análises dos nossos campos específicos de atuação, a tendência é que não apliquemos o mesmo tipo de olhar crítico à nossa profissão como um todo (com tamanha pressão de tempo, é compreensível que em geral haja uma preferência por nos restringirmos à nossa área específica de pesquisa). Hall nos exorta a "examinar a textualidade da nossa própria profissão, seus roteiros, valores, vieses e normas comportamentais"[363]. No meu caso, a leitura desse tipo de metanálise tem ajudado a contextualizar a experiência pessoal (percebendo que não estou sozinha) e a fazer escolhas mais conscientes em meio a um contexto institucional tão complexo.

8. *Siga o seu coração*. Isso pode soar piegas, é verdade, mas a nossa escrita chega ao seu melhor ponto quando é motivada pela curiosidade genuína sobre uma questão, ainda que ela não seja o assunto mais "em voga" do momento. Isso se mostra especialmente importante no caso dos alunos da pós-graduação. Se você está trabalhando numa dissertação sobre George Eliot e resolve estrategicamente buscar um autor americano a que possa comparar sua obra apenas porque o transnacionalismo está "em alta" hoje em dia, essa abordagem pode não ser a mais acertada sob o ponto de vista de que o amor pelo tema da pesquisa faz mais diferença em longo prazo (como eu acredito que faça) do que uma postura mais estratégica, uma vez que é bem difícil, se não impossível, prever por quanto

---

[361] Collini, 2012, p. 146-7.
[362] Collini, 1999, p. 240.
[363] Hall, 2002, p. xiv.

tempo um assunto continuará em voga. A moda, na academia, é muito inconstante (aliás, já existe um braço da filosofia Slow sendo instaurado no mundo da moda, o Movimento Slow Fashion). A pós-graduação hoje em dia parece preocupada demais em fazer os alunos, mesmo ainda no mestrado, identificarem um "campo" no qual se encaixem, em vez de encorajá-los a estruturar seu trabalho como uma forma de interação com um texto ou textos específicos, ou com uma questão que os mobilize. Os alunos da pós-graduação, reagindo ao clima que a universidade cria para eles, têm corrido cada vez mais para se profissionalizar, para incorporar a linguagem da especialização e dos resultados de pesquisa. Cada vez mais, nós nos vemos na situação de comentar projetos de pesquisa dos estudantes com frases como: "Esse arcabouço é muito *au courant*. Que textos você pretende trabalhar especificamente?". Realmente, é fácil perceber as maneiras como a ênfase no localismo proposta pelo Movimento Slow Food pode ser traduzida como uma ênfase na análise textual minuciosa no caso do trabalho intelectual. Evans, em seu artigo sobre os efeitos da digitalização sobre a produção intelectual, declara que "os estudos de pós-graduação hoje oferecem um paralelo das mudanças vistas no padrão das publicações acadêmicas – com uma redução no tempo de estudo e uma especialização do escopo que muitas vezes resultam em um compilado de artigos, mais do que numa dissertação verdadeira"[364]. Embora não se possa apontar claramente o que constitui uma "dissertação verdadeira", nós certamente temos observado um crescimento do padrão da eficiência e da uniformidade nos cursos de pós-graduação.

9. *Como muita gente costuma dizer, mantenha a calma e siga escrevendo.* Em nome da nossa felicidade e da qualidade da nossa produção intelectual, nós precisamos resistir à tentação de comparar a nossa "entrega" à dos colegas e temos que acolher a diversidade de trajetórias existente no campo da pesquisa acadêmica. É preciso arranjar formas de contrapor o que Pennee descreve como "o déficit de motivação num ambiente de trabalho já tomado pelo desânimo"[365] que é criado em parte pelo "Culto à Celebridade", em torno de "docentes de uma geração anterior que conseguiram acumular bolsas de pesquisa em série ou um dos polpudos

---
364 Evans, 2008, p. 398.
365 Pennee, 2011, p. 68.

subsídios mais recentes, em especial aqueles que ostentam parcerias múltiplas, resultados quantificáveis e oportunidades imediatas de cobertura na mídia" e que "trabalham envoltos numa aura de merecimento, no firmamento das recompensas administrativas"[366]. Eu não pretendo com isso tirar o mérito daqueles pesquisadores que obtêm bolsas e subsídios, mas nós precisamos nos lembrar de não reduzir o valor do trabalho intelectual às cifras obtidas. Pennee fala da "Síndrome da Classificação 4A"[367], numa referência aos efeitos atrofiadores da classificação do Conselho de Pesquisa em Ciências Sociais e Humanidades listada com esse código que rotula determinados projetos como "passíveis" de receber recursos, mas não merecedores o bastante. "Quantas vezes você precisa ouvir que seu projeto de pesquisa é 'bom o suficiente, mas não será agraciado com o subsídio', até que entre num estado de desânimo tal que desista de tentar aplicar mais uma vez?[368] E quanto aos projetos que recebem uma classificação abaixo da 4A? Será que vale a pena insistir em trabalhar neles? Claramente, a resposta para essa pergunta é um "sim", ou deveria ser. Eu mesma sei de diversos livros relevantes que foram classificados como "não dignos de receber subsídio" e foram escritos assim mesmo. E nós precisamos ter sempre em mente o pano de fundo das "políticas vigentes para o financiamento à pesquisa"[369] descritas anteriormente neste capítulo.

"A agenda neoliberal", como Fanghanel e muitos outros autores apontam, "é incompatível com os ideais de descoberta, investigação e avanço intelectual que os acadêmicos talvez associem a suas empreitadas de pesquisa"[370]. Além dessa imposição da ideologia neoliberal à cultura da pesquisa, há uma redução drástica da cultura da cooperatividade, como trataremos no próximo capítulo. Uma coisa alimenta a outra. À medida que os profissionais da academia vão se isolando mais uns dos outros, nós nos tornamos também mais complacentes, uma vez que oferecer resistência à corporativização do meio acadêmico passa a *parecer* inútil.

---

366 Pennee, 2011, p. 67.
367 Pennee, 2011, p. 66.
368 Pennee, 2011, p. 66.
369 Lewis, 2005, p. 19.
370 Fanghanel, 2012, p. 82.

Capítulo Quatro

Cooperatividade e Comunidade

Universidades [...] devem oferecer modelos de excelência social além de realização pessoal – e ensinar, pela própria maneira como se conduzem como instituição, algo sobre os laços de interdependência que unem a todos nós, algo sobre como conquistar os sentimentos de aceitação e encorajamento que a vida em comunidade nos traz, os sentimentos de autovalor e pertencimento que movem cada um de nós.
Tompkins, em *"The Way We Live Now"*[371]

Em seu livro *The Resilient Practitioner*[372], Thomas Skovholt e Michell Trotter-Mathison defendem que "o bem-estar psicológico" é "um imperativo ético"[373] para as pessoas que trabalham na área de assistência a pessoas. "Autocuidado não é indulgência. É um componente essencial para a prevenção da angústia, do esgotamento e do comprometimento da capacidade profissional. Autocuidado não deve ser considerado 'um extra' ou algo 'bom de fazer quando se tem um tempo sobrando', mas como uma parte

---

371 Em tradução literal: "A maneira como vivemos agora". N. T.
372 Em tradução literal: "O profissional assistencial resiliente". N. T.
373 Skovholt; Trotter-Mathison, 2011, p. 166.

essencial da nossa identidade profissional"[374]. Skovholt e Trotter-Mathison incluem os professores universitários na lista dos profissionais da área de assistência a pessoas. Muitos acadêmicos, sem dúvida, reagirão com choque ao se ver incluídos nessa definição (nós nos chocamos também). Essa nossa reação de surpresa não parece tão surpreendente assim se lembrarmos que a cultura da academia privilegia sempre a mente sobre a matéria; espera-se que nós consigamos "sublimar" aquilo que nos aflige; e, em vez de nos ajudar uns aos outros, somos ensinados a competir. E essa mentalidade está sendo repassada para a próxima geração de acadêmicos.

Muitos programas de pós-graduação têm um quê de campo de treinamento, em que sobreviventes legam aos recrutas recém-chegados suas histórias de guerra. O argumento de Skovholt e Trotter-Mathison de que o autocuidado faz diferença não apenas para o nosso bem-estar pessoal, mas para a nossa prática profissional, merece atenção. Uma parte do tipo de autocuidado defendido por eles envolve "suporte social"[375], quando afirmam que é importante "injetar emoções positivas" no ambiente de trabalho[376] e "falar aberta e honestamente com colegas a respeito da nossa rotina de trabalho"[377]. Mas o fato é que encontrar esse tipo de suporte social na academia tem se tornado cada vez mais difícil. Um colega comentou conosco, durante um workshop: "Os corredores do meu departamento vivem vazios. Não era assim logo que eu comecei lá. As interações do dia a dia entre colegas estão sumindo. Todo mundo vive ocupado demais". E outro disse: "Não tem ninguém nos escritórios. Não há para quem pedir uma dica rápida sobre qual seria a melhor escolha de palavras para um comunicado mais delicado ou sobre qual texto escolher como referência para a ementa do seu curso". Por que nós temos falado menos uns com os outros? Por que tantos de nós têm se sentido isolados em seu local de trabalho? Essas são questões importantes. Estudos demonstram que a solidão no trabalho "aumenta a atenção dada a estímulos sociais negativos", levando as pessoas a "formar impressões sociais mais negativas umas das outras"[378]. O senso de comunidade, por outro lado, ajuda os membros de

---

[374] Barnett *et al.* citados em Skovholt; Trotter-Mathison, 2011, p. 166.
[375] Skovholt; Trotter-Mathison, 2011, p. 182.
[376] Skovholt; Trotter-Mathison, 2011, p. 183.
[377] Skovholt; Trotter-Mathison, 2011, p. 182.
[378] Cacioppo; Hawkley, 2009, p. 450 e 452.

uma unidade social a lidar com o estresse: "As pessoas tornam-se menos propensas a enxergar como ameaça eventos potencialmente estressantes se estiverem num ambiente de apoio"[379].

Como temos dito repetidamente, a corporativização impôs uma visão objetificante não apenas sobre o tempo, mas também com relação às pessoas. Nós somos intimados a usar nosso tempo de maneiras que possam ser mensuradas e registradas em sistemas de prestação de contas. Os boletins da reitoria em geral não incluem seções intituladas "ajudando um colega a entender por que sua palestra não correu bem" ou "oferecendo apoio a um colega iniciante que se sente assoberbado" ou, ainda, "expressando entusiasmo pelo novo projeto de pesquisa de um colega". Em uma cultura dominada pela contabilização, atividades assim pertencem a uma "economia do desperdício"[380], e, considerando a sobrecarga de trabalho cada vez maior que recai sobre os docentes, não é de admirar que acabem ficando esquecidas pelo caminho. Algo precisa ficar. É como Jane Tompkins observa: "Ninguém tem tempo [...] Uma conversa não é algo que possa ser incluído no seu currículo", e, como resultado disso, "não resta nenhuma vida intelectual nas universidades, ou um resquício precioso dela, porque as pessoas estão ocupadas demais tratando de avançar profissionalmente [...] para poder parar e falar umas com as outras"[381]. Muitos dos textos sobre gestão de tempo que examinamos no Capítulo 2 na verdade nos aconselham a não gastar tempo "apenas" falando com colegas. No entanto, falar uns com os outros é essencial. Skovholt e Trotter-Mathison insistem que extravasar não é o mesmo que se lamuriar:

> O ato de extravasar sobre assuntos do trabalho [...] pode ser especialmente importante para profissionais do cuidado que procuram ajudar as pessoas nos campos da assistência humanitária, da educação ou da saúde. Esses profissionais escutam histórias de sofrimento. Eles precisam motivar indivíduos a buscar por mudanças quando a motivação interna lhes falta, e muitas vezes trabalham em ambientes tomados pela perda, pela ansiedade e pela dor. No trabalho,

---

379 Taylor, 2008, p. 269.
380 Readings, 1996, p. 175.
381 Tompkins, 2001, p. 21.

orientadores, terapeutas, professores e profissionais da saúde estão imersos num oceano de emoções angustiantes. E a sua disposição para trabalhar nesse oceano é uma parte importante do porquê de serem pagos para fazer o que fazem[382].

Embora certamente nem toda sala de aula seja "um oceano de emoções angustiantes", muitas delas, com certeza, estarão repletas de uma mistura de emoções que envolve alegria, empolgação, medo, tédio, raiva, ansiedade. E às vezes nos deparamos com sofrimento em nossos escritórios: alguns alunos que passam por lá estão enfrentando um término amoroso, outros têm mães no leito de morte, outros estão furiosos com o conceito "B" que receberam e que vai impedir que entrem numa desejada especialização em medicina. Isso sem falar no nosso próprio desapontamento ao abrir aquele e-mail que rejeita a publicação de um manuscrito no qual passamos anos a fio trabalhando. Mas a quem podemos recorrer nesses momentos tão cruciais?

Além de ter alterado a nossa percepção do tempo acadêmico, a corporativização vem aumentando cada vez mais as cargas de trabalho e modificando a estrutura das nomeações acadêmicas. Os contratos de trabalho temporário estão cada vez mais em voga, enquanto, por outro lado, a concessão de financiamento para pesquisas que têm o grau de celebridade acadêmica como critério também só cresce. Os profissionais da academia são encorajados a adotar uma visão de empreendedorismo em seu trabalho, a estar prontos para alavancar seus ativos e ter o máximo de mobilidade ascendente possível, em vez de ficar "amarrados" a um *campus* específico. Aqueles de nós que estão trabalhando por contrato veem-se especialmente vulneráveis ao isolamento. Há alguns anos, quando participava de um comitê de contratação, um de nós se deparou com a carta de apresentação de um professor que já era parte do seu próprio departamento, lecionando como temporário – e a pessoa nunca tinha ouvido falar dele!

Em seu livro *País Fast Food,* Eric Schlosser escreve que "a indústria do *fast-food* ajudou a transformar não apenas a dieta dos norte-americanos, mas também a nossa paisagem, nossa economia, nossa força de trabalho e a cultura popular. O *fast-food* e as suas consequências tornaram-se

---

[382] Skovholt; Trotter-Mathison, 2011, p. 184-5.

inescapáveis, não importando se você consome esse tipo de comida duas vezes ao dia, se procura evitar ou se nunca sequer experimentou"[383].

Essa transformação, sem dúvida, está visível nas nossas universidades e faculdades. Giroux comenta que, "com a corporativização da educação superior [...] cada campus [...] se parece cada vez mais com um shopping center"[384]. E a sensação que eles passam também é a de estar num shopping. Muitos de nós, se não a maioria, hoje só passam por seus departamentos para buscar a correspondência ou para participar de alguma reunião e tratam de ir embora de lá o mais depressa possível. Rituais acadêmicos que foram concebidos para criar laços comunitários estão em desuso. Já há defesas de teses de doutorado sendo feitas por teleconferência, e esse método é celebrado por ser menos dispendioso e mais eficiente. E até mesmo as conferências acadêmicas estão ameaçadas de se tornar uma forma de relacionamento a distância. Em uma conferência recente da qual nós duas participamos, um dos palestrantes apresentou sua fala pelo Skype porque, como admitiu prontamente, havia feito confusão com as datas em sua agenda. Problemas técnicos que são comuns nesse tipo de comunicação tornaram bem difícil ouvir o que ele dizia, e nenhum dos presentes teve a oportunidade de falar diretamente com o palestrante. O fato de sua fala não ter sido simplesmente cancelada (a programação do evento já estava bastante intensa) parece sugerir que, nesta era da conectividade, a conexão verdadeira é algo opcional. Em seu livro *Alone Together*[385], Sherry Turkle resume essa ideia dizendo: "Ligados em rede, nós estamos juntos, mas com expectativas tão reduzidas em relação uns aos outros que ao mesmo tempo nos sentimos completamente sozinhos. E há também o risco de passarmos a ver o outro como um objeto a ser acessado – apenas por causa das partes que consideramos úteis, as que podem nos oferecer uma possibilidade de conforto ou de diversão"[386].

Já foi dito que o declínio dos clubes universitários é um sintoma da corporativização da educação superior. No clima atual de austeridade econômica, é pouco provável que vejamos alocação de recursos para resgatar esses clubes. E, além do mais, nada indica que a existência de um prédio físico

---

383 Schlosser, 2001, p. 3-4 da edição original em inglês, *Fast Food Nation*.
384 Giroux, 2009, p. 16.
385 Em tradução literal: "Sozinhos juntos". N. T.
386 Turkle, 2011, p. 154.

do clube solucionaria o problema que estamos apontando aqui. No "novo regime" da conectividade, estamos perdendo o nosso espaço; o *campus* hoje é um "lugar de ajuntamento social"[387], sendo "'lugar' usado aqui para se referir tanto ao espaço físico quanto às pessoas contidas nele. Mas o que é um lugar se aqueles que estão fisicamente presentes nele têm sua atenção voltada para o ausente?"[388]. O Movimento Slow nos convoca a mergulhar nas culturas locais, mas os nossos departamentos estão em via de se tornar lugares fantasmas. Os corredores estão vazios porque nós estamos trabalhando em outros lugares, e nós estamos trabalhando em outros lugares porque os corredores estão vazios. Nem mesmo os "negócios" departamentais servem mais para nos reunir. Boa parte da discussão migrou para os e-mails ou fóruns on-line, e, quando alguma reunião é convocada, as pessoas "estão lá sem estar"[389]. Como Turkle ressalta, "no mundo das cartas de papel seria inaceitável que um colega lesse sua correspondência durante uma reunião. Na etiqueta atual, dar as costas à pessoa que está à sua frente para atender uma ligação ou responder a uma mensagem de texto é praticamente a norma"[390]. E, de fato, nós temos visto pessoas trocando mensagens de texto durante reuniões de departamento, eventos de aposentadoria e cerimônias de colação de grau. O que está acontecendo? Zygmunt Bauman sugere:

> A função latente dos aparelhos de celular e que o e-mail evoca é a possibilidade de o indivíduo falante se *desligar* do local onde está imerso fisicamente no momento [...] Adicionalmente a isso, no entanto, os dispositivos oferecem ao indivíduo falante a facilidade de tornar manifesto e público esse seu desligamento onde e quando for pertinente [...] tornando óbvio que o contato frente a frente tem importância secundária[391].

Realmente, quando um colega nos dá as costas para responder a uma mensagem de texto durante uma conversa conosco, fica difícil sentir que nossa presença importa. Shelley E. Taylor afirma que "suporte

---

387 Turkle, 2011, p. 155.
388 Turkle, 2011, p. 155-6.
389 Turkle, 2011, p. 14.
390 Turkle, 2011, p. 161.
391 Bauman citado por Franklin, 2009, p. 347.

social é a percepção ou experiência de que o indivíduo é levado em consideração pelos outros, estimado e valorizado, e que é parte de uma rede social de assistência e obrigações mútuas"[392]. Turkle sugere que a migração para a comunicação eletrônica tem a ver com medo – na comunicação frente a frente, é mais difícil o indivíduo estar no controle. Até mesmo uma ligação telefônica é mais arriscada, por ser menos controlada do que uma mensagem de texto ou e-mail[393]. "Nós preferimos teclar a falar"[394] – até mesmo, ou talvez devêssemos dizer principalmente, quando a pessoa com quem nos comunicamos está em outra sala logo adiante, no mesmo corredor. A análise de Turkle parece especialmente verdadeira neste momento em que a atmosfera no ambiente de trabalho da academia é de desmotivação, sobrecarga de trabalho e competitividade. A demonstração de distanciamento, de não participação, que, como explica Bauman, é facilitada pelos celulares, é ao mesmo tempo sintomática da cultura da correria e uma resposta defensiva a ela.

Turkle, perto do final do seu livro, compartilha o desalento que sentiu ao ver uma pessoa trocando mensagens de texto durante um funeral. Quando comentou a história com seus amigos, "muitos deram de ombros. Um falou: 'O que se pode fazer?'". A autora prossegue, dizendo: "Dar de ombros é uma reação típica de quem não vê saída para a situação. Nós não estamos nesse ponto ainda. É cedo demais para termos chegado a um impasse desses"[395]. Um de nós recebeu o mesmo tipo de resposta quando levantou a questão do uso dos celulares durante reuniões de departamento. Um colega, em tom solidário, falou: "É irritante, eu concordo, mas o que podemos fazer?". O que precisamos fazer é conversar a respeito. Precisamos estar atentos a como nos sentimos quando alguém reserva tempo para estar inteiramente presente em uma interação. Essas instâncias de generosidade e conexão verdadeira podem nos orientar para que pensemos criticamente sobre o impacto que a atmosfera reinante no ambiente universitário atual vem tendo sobre as relações humanas. Como Turkle escreve na advertência que faz sobre os potenciais ilimitados e empolgantes da

---

[392] Taylor, 2008, p. 265.
[393] Turkle, 2011, p. 187-9 e 206.
[394] Turkle, 2011, p. 1.
[395] Turkle, 2011, p. 296.

tecnologia, "quando passamos a demandar aquilo de que 'sentimos falta', podemos descobrir com o que nos importamos de verdade, quais são as coisas que acreditamos que merecem ser protegidas"[396].

Existe um reconhecimento cada vez maior de que estamos perdendo o senso de cooperatividade no trabalho, mas também uma incerteza sobre o que fazer para recuperá-lo. Em parte, o que torna difícil falar sobre a cooperatividade entre colegas é a forma como o conceito pode ser empregado punitivamente. A disposição para cooperar já foi usada como cortina de fumaça para discriminação em decisões ligadas a efetivações e promoções profissionais. As recomendações de Boice para novos docentes certamente são uma epítome do efeito intimidador que ela pode ter. "Basta aparentar algum distanciamento e falta de disposição cooperativa" para você ser "eliminado por questões de sociabilidade"[397]. Nesse sentido, a cooperatividade profissional pode comprometer a liberdade acadêmica e transformar-se em fator de homogeneidade: há livros de aconselhamento a esse respeito que chegam a recomendar até que você se vista como seus colegas. Este capítulo não pretende incluir a disposição para a cooperação profissional (ou escolhas de vestuário) como critério para avaliar o bom ensino, a pesquisa e as atividades de serviço à comunidade no trabalho individual de um docente; e também não é uma tentativa de criar algo como uma Matriz de Avaliação de Cooperatividade contendo uma lista de *"comportamentos observáveis"*[398] que inclua "mostrar-se disponível quando necessário" e "cumprir prazos de entrega"[399]. Mas nós concordamos com Linda Hutcheon quando ela diz que, apesar dos "problemas de usar a disposição para a cooperação como um critério subjetivo na avaliação profissional de indivíduos", é importante que nós "não abandonemos as vantagens positivas muito palpáveis – tanto em termos intelectuais como humanos – da cooperatividade efetiva como ideal coletivo e realidade"[400]. No livro *Junior Faculty Development: A Handbook*[401], publicado pela Modern Language Association em 1991, Donald Jarvis relata os achados, os quais reproduzimos a seguir, fruto de sua pesquisa em oito universidades e faculdades nos Estados Unidos, em

---

396 Turkle, 2011, p. 19.
397 Boice, 2000, p. 203.
398 Cipriano; Buller, 2012, p. 46.
399 Cipriano; Buller, 2012, p. 47.
400 Hutcheon, 2006, p. 63.
401 Em tradução literal: "Desenvolvimento do professor iniciante: um manual". N. T.

que entrevistou mais de cem docentes. Em resposta à questão "O que você acredita que deve ser feito para proporcionar o melhor desenvolvimento dos docentes mais jovens?", 89% apontaram a cooperatividade, número que superou a soma de todas as outras respostas juntas – as quais incluíam itens como "recursos" e "treinamento"[402]. Sessenta e três por cento dos entrevistados apontaram a cooperatividade como o fator mais importante do seu próprio desenvolvimento profissional[403], ao passo que, como forma de "gerar ideias", 44% citaram as trocas entre colegas, item que ficou atrás apenas da leitura (51%)[404]. A falta de disposição cooperativa foi apontada por 50% dos inquiridos como prejudicial ao desenvolvimento profissional[405]. Todos esses percentuais demonstram quanto a cooperatividade faz diferença.

Em seus livros *The Academic Self* e *The Academic Community*[406], Donald E. Hall aborda a questão da cooperatividade e propõe que se organizem painéis de discussão de trabalhos em curso, palestras, retiros e grupos de leitura como formas de estimulá-la. Essas são soluções representativas dos conselhos geralmente oferecidos a respeito do tema e "não custam nada além de tempo e comprometimento [...] Mesmo em um regime de contenção de custos é possível oferecer aos colegas muitas oportunidades para que se envolvam com a comunidade acadêmica"[407]. Essas palavras, que pretendem ser de encorajamento, acabam tendo um efeito contrário, uma vez que reforçam o problema inerente à literatura que se tem sobre cooperatividade. Como é possível afirmar que as soluções propostas "só" necessitam de tempo e energia, quando são justamente esses dois itens que mais estão em falta para nós, docentes? Hall se diz confiante de que, se reservarmos tempo para o serviço à comunidade e o fomento da comunidade na nossa agenda semanal, ao lado das aulas e da escrita[408], certamente os laços comunitários vão se formar. Mas, como já discutimos no Capítulo 1, entradas de agenda não são a solução. Alinhando seu discurso ao da literatura de autoajuda, Hall enfatiza o papel da responsabilidade pessoal, mas essa é uma postura que também pode

---

402 Jarvis, 1991, p. 110.
403 Jarvis, 1991, p. 112.
404 Jarvis, 1991, p. 116.
405 Jarvis, 1991, p. 114.
406 Em tradução literal, respectivamente: "O self acadêmico" e "A comunidade acadêmica". N. T.
407 Hall, 2007, p. 96.
408 Hall, 2002, p. 82.

deslizar facilmente para a culpabilização. Ele escreve, por exemplo: "Só porque algum colega está renegando a própria responsabilidade, isso não é desculpa"[409], e, "Se estamos infelizes com a atmosfera reinante em nossos departamentos, se achamos que nossas comunidades profissionais estão sofrendo de inércia intelectual ou pedagógica ou outras disfunções, então, como membros dessa comunidade, nós somos parcialmente responsáveis por essa atmosfera"[410].

Já deve estar claro a esta altura que nós, autoras, acreditamos na agência individual, mas vemos com reservas essa escolha de deixar de lado os fatores institucionais e políticos que determinam as nossas condições de trabalho – o *campus* não é uma arena esportiva onde o "corpo mole" de um reitor pode ser compensado pela "garra" de um professor novato. Além do mais, mesmo se (e esse "se" tem um peso enorme hoje em dia) nós encontrarmos tempo para frequentar painéis, palestras, retiros e grupos de leitura, essas não são estratégias garantidas. Elas terão sucesso apenas se forem criadas a partir de emoções positivas; caso contrário, transformam-se em só mais uma ocasião para alimentar negatividade em torno da competitividade e do medo.

Quando um colega propôs a uma de nós a criação de um curso no qual o mesmo texto seria ensinado por um grupo de diferentes professores que estariam sempre presentes às aulas uns dos outros, argumentando que esse seria um recurso pedagógico para demonstrar aos alunos uma gama de perspectivas críticas diferentes e uma ferramenta de fomento da cooperatividade, por permitir aos docentes observar o trabalho uns dos outros, a reação imediata foi de terror. Não que esse terror tenha sido externado, obviamente. Mas a resposta foi um murmúrio de que a ideia parecia interessante, só talvez meio difícil de implementar, em razão das restrições institucionais. De forma semelhante, professores já confessaram para nós que se sentem mais amedrontados antes de apresentar seus trabalhos em curso, nos painéis internos da universidade, do que quando submetem um artigo à Associação da Língua Moderna. Esse medo de falar aos próprios colegas merece a nossa atenção. Antes de começar a organizar ciclos internos de palestras, precisamos tratar do clima de isolamento dominante na cultura acadêmica atual. Como Tompkins escreve, mudanças estruturais não vão "automaticamente" criar mais cooperatividade, a menos

---
409 Hall, 2002, p. 69.
410 Hall, 2007, p. 86.

que "antes disso seja dada alguma atenção às dimensões sociais e emocionais dessa conversa"[411].

O que nós estamos tentando dizer é que um clube universitário talvez não tenha adesões, painéis internos para apresentar trabalhos em curso, talvez acirrem as divisões de um departamento já fraturado, e eventos sociais talvez acabem reduzidos a oportunidades de autopromoção. Até mesmo conselhos bem-intencionados, na atmosfera atual, correm o risco de transformar a cooperatividade numa mera troca de capacidades mercantilizáveis. Enxergar colegas como recursos elimina as dimensões afetivas do diálogo, convertendo a figura do outro em meros fragmentos sonoros. Em *The Peak Performing Professor*[412], Susan Robinson inclui um capítulo sobre como "Cativar a atenção dos outros" e, mais adiante, outro sobre como "Colaborar para o benefício mútuo". Ela aconselha àqueles de nós que são especialmente tímidos a frequentar eventos sociais com uma ideia clara de "quais resultados [...] você deseja levar" daquele evento[413]. Manter o objetivo sempre em foco deve nos motivar a cumprimentar pessoas, recordar nomes, iniciar conversas e fazer perguntas. A autora sugere que nós façamos perguntas para contrabalançar os modos reservados de algum colega e que, "depois de ouvir algumas frases, resuma o que a pessoa disse até ali, usando a escuta ativa"[414]. Para nós, essa parece a imagem perfeita de um interlocutor irritante, mas Robinson garante que com a prática nós nos tornamos mais capazes de oferecer sinopses mais criativas; e, ao que parece, somente muitos anos de experiência dariam a alguém a habilidade de dizer algo como: "Então quer dizer que você está realmente gostando do que tem produzido este ano, mas que sua ideia é fazer mais publicações nos próximos dois anos?"[415]. Pensando bem, talvez memorizar essa resposta padrão sirva para nos livrar de fazer o trabalho da escuta num próximo evento da faculdade. Como forma de expandir a rede de contatos, a autora sugere criar uma base de dados contendo uma "subpasta com pessoas que possam ajudar" com um

---

411 Tompkins, 2001, p. 29.
412 Em tradução literal: "O professor de alta performance". N. T.
413 Robinson, 2013, p. 142.
414 Robinson, 2013, p. 156.
415 Robinson, 2013, p. 156.

determinado projeto. Esse arquivo deverá ser "limpo" de "tempos em tempos, eliminando contatos que já não se mostrem relevantes para o objetivo do apoio mútuo"[416]. Nós não devemos nos deixar seduzir pela metáfora das "aldeias" quando pensamos em grupos de colegas: ela nos aconselha a "extrair o ouro da sua própria aldeia", enquanto tratamos de "mirar ocasionalmente" outras "aldeias"[417]. Esse tipo de linguagem militar-industrial ilustra o fato de que enxergar o senso de cooperatividade como uma versão presencial do exercício do *networking* virtual traz consigo a mesma alienação e objetificação inerentes a esse último. Além do medo de que possamos ter sido relegados à subpasta de alguém (ou, pior, cortados da lista por termos sido considerados inúteis ou irrelevantes), esses conselhos confirmam as percepções de Adrian Franklin sobre as ligações entre isolamento social e o uso de redes sociais.

Franklin, citando Bauman, postula que a mecânica das redes de contatos virtuais infectou a nossa vida em sociedade: "'rede', no caso, alude a uma matriz para a conexão e desconexão simultâneas; as redes virtuais são inconcebíveis sem que ambas as atividades sejam simultaneamente possibilitadas"[418]. Nas redes, "conectar-se" sempre já implica "desconectar-se", de modo que, em vez de relacionamentos, nós temos vinculações às quais se pode "aderir conforme a demanda e que podem ser descontinuadas à vontade"[419]. Franklin observa – por meio de Bauman – que os níveis atuais de isolamento social são insuflados por um "medo da descartabilidade imanente". A sociedade do consumismo "modificou a maneira como organizamos o nosso individualismo"[420]: "tudo, inclusive os relacionamentos, é estetizado e avaliado em termos da sua capacidade de oferecer beleza, desejo e prazer"[421]; e os relacionamentos são entendidos como existentes apenas "até segunda ordem"[422]. Franklin se diz menos "surpreendido" do que Coget *et al.* pela constatação feita por eles de "uma correlação positiva

---

416 Robinson, 2013, p. 154.
417 Robinson, 2013, p. 155.
418 Bauman, citado por Franklin, 2009, p. 346.
419 Bauman, citado por Franklin, 2009, p. 346.
420 Bauman, citado por Franklin, 2009, p. 345.
421 Bauman, citado por Franklin, 2009, p. 354.
422 Bauman, citado por Franklin, 2009, p. 344.

significativa entre a socialização on-line e a solidão"[423]. Para nós, parece claro que tentar fomentar o senso de cooperatividade profissional, através da transferência de um modelo de manutenção de redes de contatos virtuais para os encontros presenciais, só contribui para nos alienar ainda mais. O exercício do diálogo é objetificado, e colegas são transformados em "recursos ou obstáculos"[424].

A proposta de soluções focadas no âmbito individual para a questão do isolamento no ambiente de trabalho está fadada ao fracasso porque trata-se, fundamentalmente, de um fenômeno social. Tanto a solidão quanto o senso de pertencimento são contagiosos. VanderWeele, Hawkley e Cacioppo descobriram que "o número de dias que um indivíduo se sente solitário ao longo de uma semana influencia o grau de solidão sentido por seus amigos, vizinhos e por seu cônjuge"[425]. Semelhante à espiral ascendente de contágio social discutida no Capítulo 2, a solidão no ambiente de trabalho forma uma espiral descendente: "A solidão não apenas se alastra de pessoa para pessoa dentro de uma malha social, mas também contribui para enfraquecer os laços desses indivíduos com outros que sejam parte dessa malha"[426].

Um projeto focado na ocorrência de *burnout* entre professores concluiu que "emoções negativas parecem ser mais contagiosas do que as positivas"[427]. Uma pesquisa feita no *campus* da Universidade de Toronto constatou que essa condutividade emocional automática se manifesta como frieza – literalmente. As tentativas de estimar a temperatura ambiente das salas e relatos sobre a necessidade de tomar bebidas quentes mostraram ter relação direta com a experiência da exclusão social. "A experiência da solidão é muitas vezes acompanhada pela percepção de uma redução na temperatura ambiente"[428], levando os pesquisadores a inferir que metáforas de frieza psicológica (como, por exemplo, "um olhar gelado") podem originar-se de uma experiência visceral. Eles então concluem que "controlar a temperatura ambiente pode [...] mostrar-se uma forma economicamente acessível e não intrusiva de restaurar a coesão de grupo e evitar prejuízos decorrentes

---

[423] Franklin, 2009, p. 350.
[424] Martela, 2014, p. 80.
[425] VanderWeele *et al.*, 2012, p. 781.
[426] Cacioppo; Hawkley, 2009, p. 452.
[427] Bakker; Schaufeli, 2000, p. 2.291.
[428] Zhong; Leonardelli, 2008, p. 839.

de atritos interpessoais"[429]. Mas, considerando que corredores aquecidos continuam sendo corredores vazios, nós preferimos pensar que procurar agir de maneira mais calorosa uns com os outros barateia ainda mais as contas de energia da universidade e reduz a sua pegada de carbono.

Por acreditar que uma malha de suporte social forte é fundamental para o sucesso do funcionamento da universidade e da missão educacional que temos nela como docentes, nós queremos propor uma mudança na forma como concebemos a ideia de cooperatividade. Enfatizar os aspectos afetivos da disposição para a cooperação profissional pode alterar com mais sucesso os nossos sentimentos de isolamento. Frank Martela oferece uma forma nova e, da maneira como enxergamos, mais construtiva de pensar a cooperatividade. Ele destaca que as pesquisas existentes sobre o bem-estar no trabalho estão focadas na avaliação cognitiva dos empregados sobre as características dos seus cargos e sobre como gerenciam seu próprio bem-estar. O problema é que esse "paradigma individualista e racionalista [...] subestima e marginaliza o papel desempenhado por sentimentos e emoções, bem como o aspecto da relacionalidade do ser humano"[430]. Nesse modelo, as emoções são "inimigas da razão" e uma ameaça para a vida organizacional. Ainda assim, quando inquiridas sobre seus trabalhos, em geral as pessoas não falam sobre o que fazem de fato, "mas sim sobre [...] os sentimentos que vivenciam em seus encontros" com outras pessoas[431]. A satisfação no trabalho, em outras palavras, é experimentada e "construída em termos afetivos"[432].

Nós precisamos reconhecer, portanto, que o bem-estar "acontece intersubjetivamente entre as pessoas, em vez de ser uma conquista individual"[433]. Como isso alteraria a sua abordagem da questão da cooperatividade na universidade atual? Para começar, não devemos assumir que os corredores vazios do departamento são um sinal de que está tudo acabado. A cooperatividade profissional precisa ser vista como "uma realização social contínua [...] e não como algo fixo e definitivo"[434]. Ela é, como aponta Martela, orientada para o futuro, "emergente e

---
429 Zhong; Leonardelli, 2008, p. 841.
430 Martela, 2014, p. 82.
431 Sandelands e Boudens, citados por Martela, 2014, p. 84.
432 Martela, 2014, p. 85.
433 Martela, 2014, p. 82.
434 Martela, 2014, p. 85.

coconstruída"⁴³⁵, uma questão não de "bem-estar", e sim de "bem-(se) tornando"⁴³⁶. Em vez de trabalhar a falta de habilidades sociais de indivíduos isoladamente, nós precisamos enxergar o local de trabalho como "uma espécie de ambiente de suporte" ou "rede de apoio"⁴³⁷. A pesquisa feita por Martela com cuidadores de uma grande casa de repouso pública revelou "uma rede de relacionamentos interpessoais que, juntos, originam processos sistêmicos no âmbito de todo o grupo que não são redutíveis a membros individuais dele"⁴³⁸. Claramente, nós estamos diante de um uso muito diverso da palavra rede: um bom "ambiente de suporte" é capaz de conter as flutuações emocionais de seus membros, dando espaço para que sejam externados os sentimentos negativos tanto quanto os positivos. Isso nos remete a Skovholt e Trotter-Mathison, quando eles insistem que extravasar não é o mesmo que se lamuriar. As características objetivas de "uma equipe funcional" são "pedir e oferecer conselhos, ajudar uns aos outros, fazer uma distribuição justa da carga de trabalho, conhecer os pontos fracos e fortes de cada integrante e confiar uns nos outros"⁴³⁹. Todos esses atos de apoio mútuo dependem de uma "dimensão emocional" – e na verdade não podem ser separados dela – também identificada por Martela, quando a descreve como "respeitar uns aos outros, compartilhar os fardos emocionais, oferecer encorajamento uns aos outros, conhecer uns aos outros como pessoas e resolver juntos os problemas emocionais"⁴⁴⁰. E isso está muitos passos além de organizar painéis e grupos de leitura. Pode ser inclusive que criar um "ambiente de suporte" eficiente (e afetivo) exija tanto trabalho quanto a capacitação da equipe, mas será um tipo diferente de trabalho.

O primeiro passo para estabelecer o "ambiente de suporte" é reconhecer que a solidão no ambiente de trabalho é uma questão real. Isso em si é um ato de coragem, porque, como diz Franklin, a solidão "'prefere não' dizer o seu nome"⁴⁴¹. Além disso, a solidão de uma pessoa não é resultado de sua deficiência de inteligência social – os estudos que

---

435 Martela, 2014, p. 86.
436 Martela, 2014, p. 85.
437 Martela, 2014, p. 85 e 97.
438 Martela, 2014, p. 86.
439 Martela, 2014, p. 97.
440 Martela, 2014, p. 97.
441 Franklin, 2009, p. 343.

oferecem soluções para as capacidades sociais individuais estão equivocados em sua abordagem. Da mesma forma, uma atmosfera fraturada não é resultado do descumprimento de responsabilidades individuais. Em segundo lugar, precisamos reconhecer que "o ambiente de trabalho é povoado por pessoas dotadas de necessidades emocionais e sociais fora dele *e também* durante suas horas de trabalho"[442]. Nós não podemos corrigir a solidão no ambiente de trabalho convencendo-nos a buscar atividades mais gratificantes fora dele, como se isso fosse capaz de reduzir a importância que o trabalho tem nas nossas vidas – tentar lançar mão de táticas para contornar o problema não é a resposta aqui. Graças ao aumento das jornadas de trabalho, combinado a um declínio dos laços comunitários tradicionais, "o papel da comunidade do local de trabalho para preencher essa necessidade humana básica [de vínculo interpessoal] tem aumentado":

> Nós [...] precisamos de comunidades profissionais que sejam comunidades no verdadeiro sentido desse termo, ou seja, comunidades que nos reconheçam também nos âmbitos afetivo e relacional. Ainda assim, o entendimento racionalista-burocrático sobre a vida profissional que ignora ou até mesmo desvaloriza intencionalmente essa dimensão ainda é quase sempre dominante na maneira como pensamos a vida organizacional[443].

A universidade empresarial e remasculinizada menospreza o olhar do indivíduo para dentro de si e nega as emoções em prol da busca de metas hiper-racionais e econômicas.

É por isso que sugestões práticas como a feita por Hall, de incluir a construção de laços comunitários em nossas agendas, ou a ideia de Robinson de manter um arquivo de contatos úteis só contribuem para deixar os corredores ainda mais gelados. Enxergada como uma atividade de *networking* ativo, a cooperatividade corre o risco de se tornar uma experiência especialmente desagradável. Ainda assim, é crucial reconhecer que a solidão no ambiente de trabalho afeta o nosso bem-estar, interfere

---
[442] Wright, 2005, p. 140.
[443] Martela, 2014, p. 106.

no desenvolvimento profissional e nos torna mais vulneráveis à estafa. Um ambiente de suporte, por outro lado, pode na verdade reduzir a nossa percepção dos estresses causados até mesmo pelo contexto corporativo mais recalcitrante: "O suporte social pode ser especialmente benéfico para ajudar as pessoas a lidar com demandas de trabalho que não são facilmente modificáveis através de estruturas organizacionais ou de mudança"[444]. Ainda assim, a cooperação entre colegas não deve ser onerosa. Criar um ambiente de suporte exige apenas o simples reconhecimento de que o nosso trabalho tem uma dimensão emocional significativa, seja ela expressa por meio da desavença com um colega durante uma reunião, seja quando consideramos um aluno culpado por causa de um lapso na sua integridade acadêmica. Admitir o impacto afetivo das nossas responsabilidades constitui o que Skovholt e Trotter-Mathison chamam de extravasar em vez de se lamuriar: a primeira dessas ações engendra apoio mútuo, ao passo que recorrer à segunda só aumenta os sentimentos de desalento. Num ambiente corporativizado, vale a pena cultivar a cooperatividade – como Shelley E. Taylor documenta, isso é algo que inclusive pode salvar nossas vidas: "Os efeitos do suporte social sobre a saúde são tão ou mais poderosos do que alguns fatores preditivos de doenças crônicas e morte tradicionalmente reconhecidos pela medicina. Por exemplo, o suporte social conta mais do que a pressão arterial, a taxa de lipídios, a obesidade e a frequência da atividade física como indicador de resultados na saúde cardiovascular, estando no mesmo patamar do tabagismo"[445].

A versão original deste capítulo não incluía conselhos práticos. Se cabe ao professor moldar o seu próprio estilo de ensino e pesquisa, formar uma comunidade acadêmica obviamente não é algo que se faz individualmente. Existe um certo grau de independência no ensino e na pesquisa dos docentes, mas isso não se aplica quando falamos em cooperatividade. Além disso, comunidade é algo intangível e fluido, fazendo com que seja muito mais difícil oferecer soluções práticas relativas a ela. Entretanto, em vista do desapontamento expressado por um de nossos revisores anônimos com a ausência dos tais conselhos, nós nos empenhamos em listar alguns temas que poderão servir para reflexão.

---

444 Taylor, 2008, p. 270.
445 Taylor, 2008, p. 267.

Se você quer eliminar qualquer possibilidade de alegria de um evento, faça com que a presença nele seja obrigatória. A cooperatividade não pode ser forçada. Um circuito interno de palestras pode dar a sensação de só mais um item a ser ticado na lista de tarefas do professor.

Se não tivermos espaço para extravasar, nós vamos começar a nos lamuriar. A sensação de estresse se reduz quando sentimos que temos algum apoio. Nós constatamos que conversar uma com a outra nos ajudou a evitar a espiral descendente de solidão, desconfiança e estafa.

Assuma o risco da sinceridade. Estabelecer um "ambiente de suporte" implica confiança mútua: nós precisamos assumir os riscos inerentes aos vínculos de intimidade, nos arriscar a ser menos do que perfeitas e a nem sempre conseguir dar conta de tudo, além de nos arriscar a levar em consideração o bem-estar e a saúde umas das outras. Pode ser que as coisas nem sempre corram bem. A sua postura de abertura e sinceridade não vai ser retribuída na mesma moeda todas as vezes, mas, quando isso acontece, é algo imensamente gratificante.

"Pergunte-se do que sente falta." Como diz Turkle, "quando nos perguntamos do que 'sentimos falta', podemos descobrir o que de fato importa para nós"[446]. E a resposta a essa questão vai ser diferente para cada pessoa. Uma de nós, por exemplo, sente falta da decisão espontânea de dar um pulo até a cafeteria do campus na companhia de algum colega. A outra costumava sentir falta de chegar ao departamento sabendo que haveria alguém com quem bater um papo por lá (o que agora voltou a acontecer).

Não perca a esperança. A cultura de um departamento pode ser modificada. E sempre podem existir subculturas fundamentadas no apoio mútuo dentro do departamento, criando bolsões de resistência contra os efeitos da corporativização da universidade.

---

446 Turkle, 2011, p. 19.

Conclusão
....

Colaboração e Pensamento em Conjunto

Muitas vezes, desafios que parecem intransponíveis quando você os está enfrentando sozinho tornam-se bem mais fáceis de ser administrados depois de uma palavra de encorajamento ou conselho.
Shelley E. Taylor[447]

A conversação concentrada e inspirada é uma fonte amplamente subestimada de novos conhecimentos, novos sentimentos e novos impulsos.
Bodil Jönsson[448]

Ao explorar os efeitos prejudiciais da mudança da atmosfera universitária no que diz respeito à disposição para a cooperação profissional, Jane Tompkins observa que "uma boa conversa não é algo que poderá ser incluído no seu currículo profissional"[449]. Embora essa verdade evidentemente se aplique aos corredores esvaziados dos quais falamos no capítulo anterior, este livro (que certamente está incluído nos nossos currículos) é, ele mesmo, o resultado de uma boa conversa. O projeto teve início enquanto nós falávamos uma com a outra – bastante –

---
447 Taylor, 2008, p. 269.
448 Jönsson, 2001, p. 52.
449 Tompkins, 2001, p. 21.

sobre as nossas experiências no ambiente da academia. E foi somente por causa das conversas frequentes entre nós duas e com outros colegas que o livro chegou a ser concluído. Falar com outras pessoas deixou claro para nós, autoras, que há muitos docentes em busca de trocas significativas de ideias sobre como tem sido a vida de um acadêmico na universidade empresarial, e nos fez constatar quanto a universidade empresarial milita ativamente para que essas trocas não aconteçam. Collini, ao falar dos seus ensaios sobre "a visão equivocada [...] da pesquisa intelectual"[450], comenta que "houve um número maior de pessoas que se sentiram impelidas a me escrever após a leitura desses [...] artigos [...] do que após a leitura de qualquer outra coisa que eu já tenha escrito, e [...] as cartas delas expressaram não apenas apoio, mas algo que eu só posso definir como deleite – deleite por alguém ter expressado publicamente convicções com as quais essas pessoas se identificavam profundamente, mas que vinham tendo dificuldades para elaborar dentro de suas próprias instituições acadêmicas"[451]. A experiência que nós duas tivemos em nossas conversas foi muito semelhante – e ela nos motivou a escrever este livro, apesar do desconforto inevitável de estarmos remando contra a corrente das culturas institucionais.

Na época em que o escrevemos, cada uma de nós também estava tocando projetos individuais de livros em sua respectiva área de atuação, e as duas experiências foram bem contrastantes. Muitas vezes, nós comentamos uma com a outra que o trabalho em conjunto era mais prazeroso, mais rico em convivialidade (para usar o termo do Movimento Slow Food), do que qualquer outro projeto no qual já tivéssemos nos envolvido. E, mais ainda do que isso, nós duas sentimos que simplesmente não teríamos sido capazes de realizar sozinhas aquilo que fizemos em conjunto. Enquanto refletíamos sobre as diferenças entre o nosso trabalho no livro e as monografias que estávamos preparando individualmente, alguns pontos importantes emergiram. E todos eles se mostraram característicos do "ambiente de suporte"[452] que foi discutido no capítulo anterior. Ter encontrado tais paralelos entre o trabalho colaborativo que realizamos e um ambiente de suporte é algo que parece se alinhar à ideia dos gestos de

---

450 Collini, 2012.
451 Collini, 1999, p. 233.
452 Martela, 2014, p. 85.

cuidado e proteção, sugerindo que as inevitáveis dificuldades do caminho serão enfrentadas a contento e que a fé será mantida. Há uma promessa de que ideias serão preservadas e acalentadas em vez de logo descartadas – o treinamento acadêmico nos torna muito boas descartadoras, é verdade, mas o conceito convencional de "rigor" merece uma revisão.

Escrever, nós sabemos, pode ser bem difícil. Existem desafios inevitáveis e universais que afligem todo mundo: bloqueio criativo, procrastinação, dúvida, fadiga e culpa. As mudanças na atmosfera da universidade aumentaram as expectativas de "entrega de resultados" de pesquisa, ao mesmo tempo que trouxeram um aumento geral da carga de trabalho, fazendo com que seja mais difícil do que nunca reservar um tempo para além do empregado nas demandas mais imediatas e tangíveis da rotina de ensino e tarefas administrativas dos docentes. Nós, autoras, obviamente não estávamos imunes a essas pressões (e os editores podem confirmar que este livro levou mais tempo do que o planejado para ficar pronto), mas a maneira como experienciamos as pressões foi muitíssimo diferente do que observamos em nossos outros projetos de escrita, por um motivo muito simples: nós podíamos conversar uma com a outra a respeito delas. E, fazendo isso, evitávamos que os sentimentos fossem internalizados, ou, caso isso acontecesse, eles não nos afetavam por muito tempo. O trabalho em conjunto também neutralizou o poder da vergonha. Em seu livro *A Arte da Imperfeição*, que ficou no topo da lista de mais vendidos do *New York Times*, Brené Brown, uma das pesquisadoras mais proeminentes sobre o sentimento humano da vergonha, a define como *"a sensação ou experiência dolorosíssima de acreditar que somos falhos e, portanto, não merecedores de amor e pertencimento"*[453]. Segundo Brown, ninguém escapa de sentir isso: "Nós todos nos envergonhamos [...] As únicas pessoas que não vivem a experiência de sentir vergonha são as desprovidas da capacidade para a empatia e para a conexão humana". E, mesmo sendo algo tão universal, "nós todos temos medo de falar sobre a vergonha", e, "quanto menos falamos sobre a vergonha, mais controle ela passa a exercer sobre a nossa vida"[454]. Para desenvolver "resiliência à vergonha" (considerando que não existe uma cura que vá eliminá-la), nós precisamos "reconhecer quais mensagens e expectativas desencadeiam esse sentimento em nós",

---
453 Brown, 2010, p. 39 da edição original em inglês, *The Gifts of Imperfection*.
454 Brown, 2010, p. 38 da edição original em inglês.

"praticar uma atenção crítica, checando quanto de realidade há nessas mensagens e expectativas", "sair de dentro de nós mesmos e compartilhar [nossas] histórias com pessoas de [nossa] confiança", além de também "falar [...] [e] usar a palavra *vergonha*"[455]. Embora o livro de Brown não trate diretamente do meio acadêmico (seu livro seguinte, no entanto, *A Coragem de Ser Imperfeito*, menciona a cultura universitária como uma promotora da vergonha), não é difícil traduzir a definição da autora para o contexto específico da academia. A frase ficaria mais ou menos assim: "A vergonha do profissional da academia é a sensação ou experiência dolorosíssima de acreditar que não somos tão inteligentes ou capazes quanto nossos colegas, que nosso trabalho de pesquisa e nossas aulas não são tão bons quanto os deles, que os comentários que fizemos durante uma reunião ou palestra não foram tão criteriosos quanto os deles e que, portanto, não merecemos pertencer à comunidade das grandes mentes acadêmicas". E a vergonha, como nos recorda Rettig, não é um bom ingrediente para a produção escrita – ela, na verdade, nos impede de realizá-la[456].

A base para o ambiente de suporte do qual nós, autoras, tivemos a sorte de poder desfrutar foi a confiança. Nós duas recebemos alguns alertas de terceiros sobre a escrita em conjunto e certamente ouvimos muitas histórias de terror que giravam em torno de questões que iam desde diferenças no estilo de trabalhar até a sensação de ser explorada pela outra parte. Houve até mesmo, aliás, quem nos aconselhasse a não trabalharmos juntas, justamente por já termos uma relação tão próxima de amizade. A experiência que tivemos provou o contrário. E nós acreditamos que isso ocorreu graças à confiança que tínhamos uma na outra e ao conhecimento mútuo que havíamos acumulado em anos de convivência. Nós nos enxergamos como pessoas completas, e não como uma certa "posição" quanto a alguma questão acadêmica ou como um "contato profissional" objetificado. Isso significa que cada uma de nós pôde se mostrar mais paciente e compassiva com a outra nos momentos em que acontecimentos da vida ou pressões profissionais interferiram nos prazos do livro. O reconhecimento de que a compreensão e o carinho com que tratamos uma à outra trouxe à tona o melhor de nós, nos fez buscar ser mais compassivas no relacionamento com nossos alunos. Nós não apenas

---

455 Brown, 2010, p. 40 da edição original em inglês.
456 Rettig, 2011, p. 5-6.

encorajamos uma à outra a seguir com o projeto, como também nos demos permissão mútua para enxergar o equilíbrio entre vida profissional e pessoal como uma meta legítima, equilíbrio esse que é tão especialmente delicado no caso de profissionais da academia cujo comprometimento e amor por seus temas de estudo podem levar a uma dificuldade de estabelecer limites claros. E isso nos levou também a escutar genuinamente uma à outra. Em *Rápido e Devagar: Duas Formas de Pensar,* Daniel Kahneman comenta sobre sua experiência de trabalho em conjunto com Amos Tversky: "Uma das maiores alegrias [...] era que Amos com frequência conseguia enxergar o cerne das minhas ideias tão vagas com muito mais clareza do que eu mesmo era capaz de ter"[457]. Trabalhar com alguém que se disponha a agarrar o potencial de uma ideia nossa naqueles momentos em que o medo e a ansiedade ameaçam nos fazer descartá-la por completo é um tremendo presente, e nós duas nos revezamos na posição de fazer isso uma pela outra. Se uma de nós considerava que determinada frase ou ideia não estava funcionando, dispunha-se de meios para expressar isso sem arrasar a motivação da sua parceira de trabalho, como muitas vezes a revisão por pares costuma fazer. A base de confiança e respeito da relação preexistente entre nós tornou possível manter uma troca aberta de ideias: nós ouvíamos uma à outra com a intenção de entender o que estava sendo dito, mais do que no intuito de detectar pontos fracos, como fomos treinadas a fazer como profissionais da academia. E os resultados eram igualmente expansivos.

Embora as nossas jornadas de escrita em conjunto tenham sido intercaladas por horas de trabalho individual e solitário, as apresentações que fizemos do projeto e o livro em si são, essencialmente, frutos *nossos*. Em muitos trechos (como na Introdução, por exemplo), já não conseguimos recordar quem disse o quê: nós nos sentamos para trabalhar juntas e cada uma ia completando as frases da outra. Há também outras partes (como o capítulo sobre gestão do tempo) em que a redação inicial foi dividida entre nós e, em seguida, a revisão feita em conjunto. Os capítulos sobre a sala de aula e a pesquisa foram, na sua maior parte, concebidos de maneira independente. E, embora tenha nos encantado ver como eles conversam bem um com o outro, esses dois foram também os capítulos que achamos

---

[457] Kahneman, 2013, p. 6 da edição original em inglês, *Thinking, Fast and Slow.*

mais difíceis de ser escritos. Nós chegamos até mesmo a reconhecer que, no período em que estávamos trabalhando de forma independente nesses capítulos, transformamos uma à outra numa versão externa do "tirano interior"[458], ou nos pegamos imaginando futuras resenhas que destacariam o capítulo que cada uma estava escrevendo como a parte mais fraca do livro todo. E quando uma finalmente confessou que andava sentindo essas coisas, a outra soltou, aliviada: "Puxa, eu também!".

Partindo da experiência que tivemos com este projeto, nós queremos sugerir que, para o trabalho em conjunto funcionar bem, ele deve originar-se localmente de conversas entre as pessoas, e não ser imposto de cima para baixo por modelos de concessão de subsídios. A universidade empresarial valoriza amplamente os coletivos de pesquisa e colaboração, numa imitação, como aponta Fanghanel, do "modelo Vale do Silício"[459] de agrupamento de competências que visa aumentar a competitividade numa escala global. Se a ideia de trabalhar em conjunto for lançada com o intuito de alavancar a produtividade e otimizar o processo da pesquisa, ela pode facilmente gerar ressentimento entre colegas, assim que um dos membros do coletivo, justificadamente ou não, passar a sentir que está fazendo "mais" do que o outro ou os outros. Colaboração, no nosso entender, não tem a ver com "reduzir" o trabalho por meio de uma divisão de tarefas. Embora isso possa vir a acontecer, não é uma motivação que vai ser suficiente para sustentar um projeto em longo prazo. Colaboração quer dizer pensar junto. E se for iniciado com esse espírito, o trabalho colaborativo nos permite desafiar os modelos neoliberais de educação superior e a remasculinização da academia. É como Kahneman, falando mais uma vez sobre a experiência que teve ao colaborar com o amigo e colega, diz de maneira tão bela: "Amos e eu tivemos o privilégio extraordinário de desfrutar de uma mente compartilhada que se provou superior às nossas mentes individuais, assim como de um relacionamento que fez nosso trabalho ser divertido, além de produtivo"[460]. Isso é pensar junto, no melhor sentido da expressão.

---

[458] Rettig, 2011, p. 21.
[459] Fanghanel, 2012, p. 88.
[460] Kahneman, 2013, p. 10 da edição original em inglês, *Thinking, Fast and Slow*.

A plena fruição desse pensar junto nos protegeu dos "malefícios causados pela vida acelerada"[461]. Em retrospecto, percebemos que a escrita deste livro em si foi um ato que pôs em prática os princípios da filosofia Slow, e aprendemos que o processo é indissociável do produto que resulta dele. A filosofia Slow em geral não deve ser interpretada, como Petrini nos lembra, em termos do "contraste [...] entre lentidão e velocidade – sem pressa *versus* acelerado –, mas sim entre atenção e distração; a desaceleração, na verdade, não é tanto uma questão de duração temporal, mas de habilidade para distinguir e avaliar, com uma propensão a cultivar o prazer, o conhecimento e a qualidade"[462]. Distração e fragmentação são traços característicos da vida acadêmica contemporânea; no nosso entender, os ideais do Movimento Slow resgatam um senso de comunidade e fruição – "a amizade e a junção de forças"[463] – que formam a base para a resistência política. Como está descrito no nosso manifesto, Professores sem Pressa agem com um propósito, cultivando resiliência emocional e intelectual perante os efeitos da corporativização da educação superior.

---

[461] Petrini, 2007, p. 182.
[462] Petrini, 2007, p. 183.
[463] Petrini, 2007, p. 183.

Agradecimentos

Maggie Berg e Barbara K. Seeber gostariam de agradecer às seguintes pessoas:

Brittany Lavery, ex-editora-adjunta de aquisições da casa editorial University of Toronto Press, pelo entusiasmo que demonstrou por este projeto logo que ele teve início.

Douglas Hildebrand, nosso atual editor, pela paciência e por ter nos guiado através das complexidades do processo de publicação. Lisa Jemison, editora-administrativa, e Catherine Plear, preparadora, por terem nos apoiado nos estágios finais.

Aos revisores anônimos, por todos os comentários maravilhosos que fizeram.

Aos participantes dos workshops que ministramos nas universidades Brock, Queen's, St. Mary's e Mount Allison e das conferências na Society for Teaching and Learning in Higher Education (STLHE) e na International Society for the Scholarship of Teaching and Learning (ISSOTL). As respostas dadas por eles e o seu encorajamento nos motivaram a seguir adiante.

Uma versão inicial da introdução do livro foi incluída com o título "The Slow Professor: Challenging the Culture of Speed in the Academy" na edição de 2013 da publicação *Transformative Dialogues: Teaching and Learning Journal*, e nós somos gratas aos seus editores por terem nos dado a permissão de republicá-la.

Os agradecimentos de Maggie Berg

Acima de tudo, eu agradeço à Barbara pela sua sabedoria, humor, sinceridade, paciência e por sua amizade extraordinária; eu não teria escrito este livro sem ela.

Quero agradecer também às cadeiras em Ensino e Aprendizagem da Queen's University pelo apoio generoso dado ao projeto ao longo de três anos, e ao gabinete do vice-diretor (de Pesquisa) da universidade, pela contribuição dada a esta publicação.

Obrigada a todos do Centro de Ensino e Aprendizagem da Queen's pelo apoio: a Sue Fostaty-Young, Andy Leger, à ex-diretora Joy Mighty, Denise Stockley e Susan Wilcox; e um agradecimento especial a Sandra Murray.

Obrigada também a Karen Donnelly, Ellen Hawman, Brenda Reed e Lally Grauer (eu quero acertar desta vez); a Cathy Harland, pela amizade de tanto tempo e pelas conversas maravilhosas; a Shelley King, pelo apoio incansável e pela demonstração exemplar de cooperatividade; a Chuck Molson, pelas ótimas corridas; a Christine Overall, pelos seus conselhos preciosos; a Marta Straznicky, pelo encorajamento; aos meus colegas, por terem renovado o meu senso de cooperatividade; e agradecimentos especiais a Brooke Cameron, Gwynn Dujardin, Petra Fachinger, Fred Lock, Heather Macfarlane e John Pierce.

Obrigada aos meus alunos por me lembrarem de por que isso tudo faz diferença.

Obrigada à minha família na Inglaterra, pelos jantares maravilhosos, pelas risadas e pelas cabanas na praia (e porque eles vão saber apreciar os "conselhos de mãe"); a Scott Wallis, por sempre me dar ouvidos, por sempre saber a coisa certa a dizer e por sempre lavar a louça; e a Rebecca Barrett-Wallis, por ser a pessoa mais adorável que eu poderia imaginar.

Os agradecimentos de Barbara K. Seeber

Em primeiro lugar, eu sou muito grata à minha amiga Maggie, pela sua sinceridade, perspicácia, generosidade, compaixão e pelo seu maravilhoso senso de humor. Eu não consigo imaginar como seria ter escrito este livro sozinha ou com qualquer outra pessoa.

Sou grata à Brock University, seu Instituto de Pesquisa em Humanidades e ao Centro para Inovação Pedagógica, por terem sido tão generosos em seu apoio.

Eu quero agradecer a todos os alunos que passaram por meus cursos nesses anos todos, por me recordarem dos motivos que me fizeram querer ser professora.

Eu sou grata a todos os meus colegas da Brock, em especial a Robert Alexander, Lynn Arner, Leslie Boldt, Tim Conley, Keri Cronin, Neta Gordon, Jill Grose, Ann Howey, Barry Joe, Leah Knight, Martin Danahay, Tanya Rohrmoser, Janet Sackfie, Elizabeth Sauer e Joan Wiley, por terem se interessado por este projeto. Alguns de vocês me enviaram artigos que tornaram este livro melhor. Obrigada. Dennis Denisoff (da Universidade Ryerson), Peter Sabor (da McGill) e Wendy Shilton (da University of Prince Edward Island) são colegas incríveis, exceto pelo fato de não estarem tão próximos quanto eu gostaria que estivessem!

Obrigada a Morgan Holmes pela amizade de tanto tempo, por aquela pista de dança há alguns anos e por ter me recomendado o livro de Carl Honoré, *Devagar: Como um Movimento Mundial Está Desafiando o Culto da Velocidade*.

E a Frida e Georgie, por me lembrarem o tempo todo de que existe vida fora da academia.

Referências bibliográficas

Ailamaki, Anastassia, and Johannes Gehrke. "Time Management for New Faculty." *SIGMOD Record* 32.2 (2003): 102–6.

Alves, Julio. "Unintentional Knowledge: What We Find When We're Not Looking." *Chronicle of Higher Education* 23 de junho de 2013. n.p. Web. 21 fev. 2015. <http://chronicle.com/article/Unintentional-Knowledge/139891/>.

Andrews, Cecile. *Slow Is Beautiful: New Visions of Community, Leisure and Joie de Vivre.* Gabriola Island, BC: New Society Publishers, 2006.

Andrews, Geoff. *The Slow Food Story: Politics and Pleasure.* Montreal & Kingston: McGill-Queen's University Press, 2008.

Aronowitz, Stanley. *The Knowledge Factory: Dismantling the Corporate University and Creating True Higher Learning.* Boston: Beacon Press, 2000.

Austen, Jane. *Northanger Abbey.* Ed. Barbara M. Benedict and Deidre Le Faye. Cambridge: Cambridge University Press, 2006.

Bakker, Arnold B.; Wilmar B. Schaufeli. "Burnout Contagion Processes among Teachers." *Journal of Applied Social Psychology* 30.11 (2000): 2289–308.

Barcan, Ruth. *Academic Life and Labour in the New University.* Burlington, VT: Ashgate, 2013.

Barry, Jim; Chandler, John; Clark, Heather. "Between the Ivory Tower and the Academic Assembly Line." *Journal of Management Studies* 38.1 (2001): 87–101.

Barsade, Sigal G. "The Ripple Effect: Emotional Contagion and Its Influence on Group Behavior." *Administrative Science Quarterly* 47.4 (2002): 644–75.

Beard, Colin; Humberstone, Barbara; Clayton, Ben. "Positive Emotions: Passionate Scholarship and Student Transformation." *Teaching in Higher Education* 19.6 (2014): 630–43.

Bekoff, Marc. "Wild Justice and Fair Play: Cooperation, Forgiveness, and Morality in Animals." *Animal Studies Reader*. Ed. Linda Kalof e Amy Fitzgerald. Oxford: Berg, 2007: 72–90.

Blackie, Margaret A.L.; Case, Jennifer M.; Jawitz, Jeff. "Student-Centredness: The Link between Transforming Students and Transforming Ourselves." *Teaching in Higher Education* 15.6 (2010): 637–46.

Boice, Robert. *Advice for New Faculty Members: Nihil Nimus*. Needham Heights, MA: Allen & Bacon, 2000.

_____. *First-Order Principles for College Teachers: Ten Basic Ways to Improve the Teaching Process*. Bolton, MA: Anker Pub. Co., 1996.

Brabazon, Tara. *The University of Google: Education in the (Post) Information Age*. Aldershot, Hampshire, Inglaterra; Burlington, VT: Ashgate, 2007.

Brennan, Teresa. *The Transmission of Affect*. Ithaca: Cornell University Press, 2004.

Brooks, David. "The Waning of I.Q." *Pittsburgh Post-Gazette,* 17 set. 2007.

Brown, Brené. *The Gifts of Imperfection: Let Go of Who You Think You're Supposed to Be and Embrace Who You Are*. Center City: Hazelden, 2010.

Buckholdt, David R.; Miller, Gale E. "Conclusion: Is Stress Likely to Abate for Faculty?" *Journal of Human Behavior in the Social Environment* 17.1/2 (2008): 213–29.

Burrell, Amanda; Coe, Michael. "Be Quiet and Stand Still." Artigo da Conferência ANZMAC 2007. Web. 21 fev. 2015. <http://www.anzmac.org/conference_archive/2007/papers/A%20Burrell_1a.pdf>.

Burrell, Amanda; Coe, Michael; Cheah, Shaun. "Making an Entrance: The First Two Minutes Can Make or Break a Lecture." Artigo da Conferência ANZMAC 2007. Web. 21 fev. 2015. <http://www.anzmac.org/conference_archive/2007/papers/A%20Burrell_2a.pdf>.

Cacioppo, John T.; Hawkley, Louise C. "Perceived Social Isolation and Cognition." *Trends in Cognitive Science* 13.10 (2009): 447–54.

Caine, Renate N.; Caine, Geoffrey. *Education on the Edge of Possibility*. Alexandria, VA.: Association for Supervision and Curriculum Development, 1997.

CareerCast. "The 10 Least Stressful Jobs of 2013." Web. 25 jul. 2015. <http://www.careercast.com/jobs-rated/10-least-stressful-jobs-2013>.

_____. "The Least Stressful Jobs of 2014." Web. 25 jul. 2015. <http://www.careercast.com/jobs-rated/least-stressful-jobs-2014>.

Carr, Nicholas. *The Shallows: What the Internet Is Doing to Our Brains*. New York: Norton, 2010.

Catano, Vic; Francis, Lori; Haines, Ted; Kirpalani, Haresh; Shannon Harry; Stringer, Bernadette; Lozanksi, Laura. *Occupational Stress among Canadian University Academic Staff*. Canadian Association of University Teachers, 2007. Web. 21 fev. 2015. <http://www.unbc.ca/sites/default/files/sections/si-transken/occupationalstressamongcanadianuniversity.doc>.

Chatfield, Tom. *How to Thrive in the Digital Age*. London: Macmillan, 2012.

Cipriano, Robert E.; Buller, Jeffrey L. "Rating Faculty Collegiality." *Change* 44.2 (2012): 45–8.

Coleman, Daniel; Kamboureli, Smaro. Coda. *Retooling the Humanities: The Culture of Research in Canadian Universities*. Ed. Coleman and Kamboureli. Edmonton: University of Alberta Press, 2011: 263–7.

_____. Preface. *Retooling the Humanities: The Culture of Research in Canadian Universities*. Ed. Coleman and Kamboureli. Edmonton: University of Alberta Press, 2011: xiii–xxiv.

Collini, Stefan. *English Pasts: Essays in Culture and History*. Oxford: Oxford University Press, 1999.

_____. *What Are Universities For?* London: Penguin, 2012.

Conti, R. "Time Flies: Investigating the Connection between Intrinsic Motivation and Time Awareness." *Journal of Personality* 69.1 (2001): 1–26.

Côté, James E.; Allahar, Anton L. *Ivory Tower Blues: A University System in Crisis*. Toronto: University of Toronto Press, 2007.

_____. *Lowering Higher Education: The Rise of Corporate Universities and the Fall of Liberal Education*. Toronto: University of Toronto Press, 2011.

Crenshaw, Dave. *The Myth of Multitasking: How "Doing It All" Gets Nothing Done*. San Francisco: Jossey-Bass, 2008.

Csikszentmihalyi, Mihaly. *Flow: The Psychology of Optimal Experience*. New York: Harper Perennial Modern Classics, 2008.

Cuddy, Amy. TED: Ideas Worth Spreading. Podcast. Jun. 2012. Web. 21 fev. 2015. <http://video.ted.com/talk/podcast/2012G/None/AmyCuddy_2012G-480p.mp4>.

Cuny, Janice. "Time Management and Family Issues." Web. 21 fev. 2015. <http://math.mit.edu/wim/links/articles/timemanage.pdf>.

Dabney, Jackie. "Stress in Students: Implications for Learning?" *Innovations in Education and Training International* 32.2 (1995): 112–16.

Damásio, António R. *Descartes' Error: Emotion, Reason, and the Human Brain*. Nova York: Avon Books, G.P. Putnam, 1994.

Deresiewicz, William. "Faulty Towers: The Crisis in Higher Education." *Nation*. Web. 4 maio 2011. <http://www.thenation.com>.

Donoghue, Frank. *The Last Professors: The Corporate University and the Fate of the Humanities*. Nova York: Fordham University Press, 2008.

Edemariam, Aida. "Who's Afraid of the Campus Novel?" *Guardian* 2 out. 2004: 34.

Evans, James. A. "Electronic Publication and the Narrowing of Science and Scholarship." *Science* 321.5887 (2008): 395–9.

Fanghanel, Joëlle. *Being an Academic*. Londres: York: Routledge, 2012.

Franken, Al, roteirista e ator. *Stuart Saves His Family*. Dir. Harold Ramis. Paramount Pictures, 1995. Filme.

Franklin, Adrian S. "On Loneliness." *Geografiska Annaler: Series B, Human Geography* 91.4 (2009): 343–54.

Fredrickson, Barbara L. "The Role of Positive Emotions in Positive Psychology: The Broaden-and-Build Theory of Positive Emotions." *American Psychologist* 56.3 (2001): 218–26.

Frisch, Jennifer Kreps; Saunders, Gerald. "Using Stories in an Introductory College Biology Course." *JBE: Journal of Biological Education* 42. 4 (2008): 164–9. Web. 21 fev. 2015. <http://www.academia.edu/250488/Using_Stories_In_An_Introductory_College_Biology_Course>.

Ginsberg, Benjamin. *The Fall of the Faculty: The Rise of the All-Administrative University and Why It Matters*. Oxford: Oxford University Press, 2011.

Giroux, Henry A. "The Attack on Higher Education and the Necessity of Critical Pedagogy." *Critical Pedagogy in Uncertain Times: Hope and Possibilities*. Ed. Sheila L. Macrine. Nova York: Palgrave, 2009: 11–26.

_____. *Education and the Crisis of Public Values: Challenging the Assault on Teachers, Students, and Public Education*. Nova York: Peter Lang, 2012.

_____. *The University in Chains: Confronting the Military-Industrial-Academic Complex*. Boulder, CO: Paradigm, 2007.

_____. "Rejecting Academic Labor as a Subaltern Class: Learning from Paulo Freire and the Politics of Critical Pedagogy." *Fast Capitalism* 8.2 (2011). Web. 23 jul. 2015.

Gmelch, Walter H. *Coping with Faculty Stress*. Newbury Park: Sage, 1993.

Hall, Donald E. *The Academic Community: A Manual for Change*. Columbus: Ohio State University Press, 2007.

_____. *The Academic Self: An Owner's Manual*. Columbus: Ohio State University Press, 2002.

Hall, Donald E.; Lanser, Susan S. "That Was Then, This Is Now, but What Will Be? A Dialogue between Two Generations of Professors." *Professions: Conversations on the Future of Literary and Cultural Studies*. Ed. Donald E. Hall. Chicago: University of Illinois Press, 2001: 203–23.

Hallowell, Edward M. *CrazyBusy: Overstretched, Overbooked, and about to Snap!* Nova York: Ballantine, 2007.

Hanson, Rick. *Hardwiring Happiness: The New Brain Science of Contentment, Calm, and Confidence*. Nova York: Harmony, 2013.

Harmgardt, Julie. "A Multitasker's Impossible Dream?" *Queen's Alumni Review* 4 (2012): 8–9.

Hassan, Robert. "Network Time and the New Knowledge Epoch." *Time & Society* 12.2/3 (2003): 225–41.

Heiberger, Morris Mary; Vick, Julia Miller. *The Academic Job Search Handbook*. 3. ed. Filadélfia: University of Pennsylvania Press, 2001.

Honoré, Carl. *In Praise of Slow: How a Worldwide Movement Is Challenging the Cult of Speed*. Toronto: Vintage, 2004.

Huston, Therese. *Teaching What You Don't Know*. Cambridge, Mass: Harvard University Press, 2009.

Hutcheon, Linda. "Saving Collegiality." *Profession* (2006) 60–4.

Inspector Morse: The Last Enemy. Zenith Production para a Central Independent Television, 1988.

Jarvis, Donald K. *Junior Faculty Development: A Handbook*. Nova York: Modern Language Association, 1991.

Jönsson, Bodil. *Unwinding the Clock: Ten Thoughts on Our Relationship to Time*. Trad. Tiina Nunnally. San Diego: Harcourt, 2001.

Kahneman, Daniel. *Thinking, Fast and Slow*. Toronto: Anchor Canada, 2013.

Klusmann, Uta; Kunter, Mareike; Trautwein, Ulrich; Lüdtke, Oliver; Baumert, Jürgen. "Teachers' Occupational Well-Being and Quality of Instruction: The Important Role of Self-Regulatory Patterns." *Journal of Educational Psychology* 100.3 (2008): 702–15.

Lewis, Harry R. "Slow Down: Getting More out of Harvard by Doing Less." Web. 21 fev. 2015. <http://lewis.seas.harvard.edu/files/harrylewis/files/slowdown2004_0.pdf>.

Lewis, Harry; Hills, Philip. *Time Management for Academics*. Little Fransham: Peter Francis, 1999.

Lewis, Magda. "More Than Meets the Eye: The Under Side of the Corporate Culture of Higher Education and Possibilities for a New Feminist Critique." *Journal of Curriculum Theorizing* 21.1 (2005): 7–25.

Lindholm, Jennifer A.; Szelényi, Katalin. "Faculty Time Stress: Correlates within and across Academic Disciplines." *Journal of Human Behavior in the Social Environment* 17.1/2 (2008): 19–40.

Lodge, David. *Changing Places: A Tale of Two Campuses*. Londres: Penguin, 1978.

_____. *Deaf Sentence*. Londres: Harvill Secker, 2008.

Mackenzie, Alec. *The Time Trap: The Classic Book on Time Management*. Nova York, NY: AMACON, 1997.

Mainemelis, Charalampos. "When the Muse Takes It All: A Model for the Experience of Timelessness in Organisations." *The Academy of Management Review* 26.4 (2001): 548–65.

Martela, Frank. "Sharing Well-Being in a Work Community: Exploring Well-Being Generating Relational Systems." *Emotions and the Organizational Fabric. Research on Emotion in Organizations* 10 (2014): 79–110.

Massachusetts Institute of Technology. "Findings of the Faculty Survey Conducted in October 2001." MIT Quality of Life Survey. Web. 21 fev. 2015. <http://hrweb.mit.edu/workfamily/pdf/fqol.pdf>.

Menzies, Heather. *No Time: Stress and the Crisis of Modern Life*. Vancouver: Douglas & McIntyre, 2005.

Menzies, Heather; Newson, Janice. "No Time to Think: Academics' Life in the Globally Wired University." *Time & Society* 16.1 (2007): 83–98.

_____. "The Over-Extended Academic in the Global Corporate Economy." *CAUT/ACPPU Bulletin* 48.1 (2001). Web. 22 jul. 2015. <https://www.cautbulletin.ca/en_article.asp?ArticleID=1669>.

Miller, Gale E.; Buckholdt, David R.; Shaw, Beth. "Introduction: Perspectives on Stress and Work." *Journal of Human Behavior in the Social Environment* 17.1/2 (2008): 1–18.

Nakadate, Neil. *Understanding Jane Smiley*. Columbia: University of South Carolina Press, 1999.

Nelson, Ian. *Time Management for Teachers*. Londres: Kogan Page, 1995.

Newson, Janice. "The University-On-The-Ground: Reflections on the Canadian Experience." *Reconsidering Knowledge: Feminism and the Academy*. Ed. Meg Luxton e Mary Jane Mossman. Halifax: Fernwood, 2012: 96–127.

Nussbaum, Martha C. *Not For Profit: Why Democracy Needs the Humanities*. Princeton: Princeton University Press, 2010.

O'Reilley, Mary Rose. *The Peaceable Classroom*. Portsmouth, NH: Boynton/Cook Publishers, 1993.

Orr, David W. *The Nature of Design: Ecology, Culture, and Human Intention*. Oxford: Oxford University Press, 2002.

Ostrow, Ellen. "Setting Boundaries in the Ivory Tower." *The Chronicle of Higher Education*, 8 set. 2000. Web. 21 fev. 2015. <http://chronicle.com/article/Setting-Boundaries-in-the-I/46372>.

Palmer, Parker J. *The Courage to Teach: Exploring the Inner Landscape of a Teacher's Life*. San Francisco: Wiley Jossey-Bass, 1998.

Panksepp, Jaak. "The Riddle of Laughter: Neural and Psychoevolutionary Underpinnings of Joy." *Current Directions in Psychological Science* 9.6 (2000): 183–6.

Parker, Martin; Jary, David. "The McUniversity: Organization, Management and Academic Subjectivity." *Organization* 2.2 (1995): 319–38.

Parkins, Wendy; Craig, Geoffrey. *Slow Living*. Oxford: Berg, 2006.

Paul, Annie Murphy. "Eight Ways of Looking at Intelligence." *The Brilliant Blog*. 10 jun. 2013. Web. 21 fev. 2015. <anniemurphypaul.com/2013/06/eight-ways-of-looking-at-intelligence>.

Pennee, Donna Palmateer. "Taking it Personally and Politically: The Culture of Research in Canada after Cultural Nationalism." *Retooling the Humanities: The Culture of Research in Canadian Universities*. Ed. Daniel Coleman e Smaro Kamboureli. Edmonton: University of Alberta Press, 2011: 59–75.

Perullo, Nicola. "Slow Knowledge." *Slow* 57 (2007): 16–21.

Petrini, Carlo. *Slow Food: The Case for Taste*. Nova York: Columbia University Press, 2001.

_____. *Slow Food Nation: Why Our Food Should Be Good, Clean, and Fair*. Trad. Clara Furlan e Jonathan Hunt. Nova York: Rizzoli ex libris, 2007.

Philipson, Ilene. *Married to the Job: Why We Live to Work and What We Can Do about It*. Nova York: The Free Press, 2002.

Picard, R.W.; Papert, S.; Bender, W.; Blumberg, B.; Breazeal, C.; Cavallo, D.; Machover, T.; Resnick, M.; Roy, D.; Strohecker, C. "Affective Learning: A Manifesto." *BT Technology Journal* 22.4 (2004): 253–69.

Pocklington, T.C.; Tupper, Allan. *No Place to Learn: Why Universities Aren't Working*. Vancouver: University of British Columbia Press, 2002.

Posen, David. *Is Work Killing You? A Doctor's Prescription for Treating Workplace Stress*. Toronto: Anansi, 2013.

Prichard, Craig; Willmott, Hugh. "Just How Managed Is the McUniversity?" *Organization Studies* 18.2 (1997): 287–316.

Queen's University em Kingston, Ontario. "Teaching and Learning Action Plan." Fev. 2014. Web. 21 fev. 2015. <http://queensu.ca/provost/responsibilities/committees/s/TeachingAndLearningActionPlanMarch2014.pdf>.

Readings, Bill. *The University in Ruins*. Cambridge: Harvard University Press, 1996.

Rettig, Hillary. *The Seven Secrets of the Prolific: The Definitive Guide to Overcoming Procrastination, Perfectionism, and Writer's Block*. 2011.

Robinson, Susan. *The Peak Performing Professor: A Practical Guide to Productivity and Happiness*. San Francisco: John Wiley and Sons, Jossey-Bass, 2013.

Ryan, Richard M.; Deci, Edward L. "Self-Determination Theory and the Facilitation of Intrinsic Motivation, Social Development, and Well-Being." *American Psychologist* 55.1 (2000): 68–78.

Sana, Faria; Weston, Tim; Cepeda, Nicholas J. "Laptop Multitasking Hinders Classroom Learning for Both Users and Nearby Peers." *Computers and Education* 62 (2013): 24–31.

Schaefer, Judith. "Truth through Glass: The Windows of Moo." *Notes on Contemporary Literature* 29.2 (1999): 3–4.

Schlosser, Eric. *Fast Food Nation: The Dark Side of the All-American Meal.* Nova York: Houghton Mifflin, 2001.

Scribendi Inc. (CA) "10 Time Management Techniques for Academics." 1997–2015. Web. 21 fev. 2015. <https://www.scribendi.com/advice/10_time_management_techniques_for_academics.en.html>.

Searle-White, Joshua; Crozier, Dan. "Embodiment and Narrative: Practices for Enlivening Teaching." *Transformative Dialogues* 5.2 (2011): 1–13.

Seldin, Peter, ed. *Coping with Faculty Stress.* San Francisco: Jossey Bass, 1987.

Semenza, Gregory Colón. *Graduate Study for the Twenty-First Century: How to Build an Academic Career in the Humanities.* Nova York: Palgrave MacMillan, 2005.

Shaw, Claire; Ward, Lucy. "Dark Thoughts: Why Mental Illness Is on the Rise in Academia." *Guardian Higher Education Network.* 6 mar. 2014. Web. 21 fev. 2015. <http://www.theguardian.com/higher-education-network/2014/mar/06/mental-health-academics-growing-problem-pressure-university>.

Shenk, David. *Data Smog: Surviving the Information Glut.* San Francisco: Harper Collins, 1997.

_____. "The E Decade: Was I Right about the Dangers of the Internet in 1997?" *Slate Magazine* 25 jul. 2007. Web. 26 jul. 2007. <http://www.slate.com/articles/arts/culturebox/2007/07/the_e_decade.html>.

Showalter, Elaine. *Teaching Literature.* Oxford: Blackwell Publishing, 2003.

Skovholt, Thomas M.; Trotter-Mathison, Michelle. *The Resilient Practitioner: Burnout Prevention and Self-Care Strategies for Counselors, Therapists, Teachers, and Health Professionals.* Nova York e Londres: Routledge, 2011.

Slaughter, Sheila; Leslie, Larry L. *Academic Capitalism: Politics, Policies, and the Entrepreneurial University.* Baltimore: Johns Hopkins University Press, 1997.

Smiley, Jane. *Moo.* Nova York: Fawcett Columbine, 1995.

Smith, Zadie. *NW.* Londres: Hamish Hamilton, 2012.

Solnit, Rebecca. "Finding Time: The Fast, the Bad, the Ugly, the Alternatives." *Orion Magazine.* Web. 21 fev. 2015. http://orionmagazine.org/article/a-fistful-of-time.

Swift, Jonathan. "Verses on the Death of Dr. Swift, D.S.P.D." *Jonathan Swift: Major Works*. Ed. Angus Ross and David Woolley. Oxford: Oxford University Press, 2003: 514–30.

Taylor, Mark C. "Speed Kills." *The Chronicle of Higher Education*. 20 out. 2014. Web. 21 fev. 2015. <http://chronicle.com/article/Speed-Kills/149401>.

Taylor, Shelley E. "Fostering a Supportive Environment at Work." *The Psychologist-Manager Journal* 11 (2008): 265–83.

Telpner, Meghan. *UnDiet: Eat Your Way to Vibrant Health*. Toronto: McClelland & Stewart, 2013.

Theory.org. Web. 21 fev. 2015. <https://www.theory.org>.

The Slow Science Academy. "The Slow Science Manifesto." 2010. Web. 21 fev. 2015. <http://slow-science.org>.

Thomas, Maura Nevel. *Personal Productivity Secrets: Do What You Never Thought Possible with Your Time and Attention ... and Regain Control of Your Life*. Indianapolis, IN: John Wiley & Sons, 2012.

Thornton, Margaret. "Universities Upside Down: The Impact of the New Knowledge Economy." *Reconsidering Knowledge: Feminism and the Academy*. Ed. Meg Luxton and Mary Jane Mossman. Halifax: Fernwood, 2012: 76–95.

Three Minute Thesis (3MT). University of Queensland. Web. 21 fev. 2015. <http://threeminutethesis.org>.

Tompkins, Jane. "The Way We Live Now." *Change* 24.6 (1992): 12–19.

Tompkins, Jane; Graff, Gerald. "Can We Talk?" *Professions: Conversations on the Future of Literary and Cultural Studies*. Ed. Donald E. Hall. Chicago: University of Illinois Press, 2001: 21–36.

Turkle, Sherry. *Alone Together: Why We Expect More from Technology and Less from Each Other*. New York: Basic Books, 2011.

VanderWeele, Tyler J.; Hawkley, Louise C.; Cacioppo, John T. "On the Reciprocal Association between Loneliness and Subjective Well-Being." *American Journal of Epidemiology* 176.9 (2012): 777–84.

Wankat, Phillip C. *The Effective, Efficient Professor: Teaching, Scholarship and Service*. Boston: Allyn and Bacon, 2002.

Washburn, Jennifer. *University Inc.: The Corporate Corruption of Higher Education*. New York: Basic Books, 2006.

Weaver, Richard L.; Cotrell, Howard W. "Ten Specific Techniques for Developing Humor in the Classroom." *Education* 108.2 (Winter 1987): 167–79.

Wilson, Robin. "Faculty Culture Is Fractured." *Chronicle of Higher Education* 59.40 (2013): A24–7.

Wilson, Robin. "The Ivory Sweatshop: Academe Is No Longer a Convivial Refuge." *The Chronicle of Higher Education* 56.41 (25 jul. 2010). Web. 21 fev. 2015. <http://chronicle.com/article/The-Ivory-Sweatshop-Academe/123641/>.

Wright, Sarah L. "Organizational Climate, Social Support and Loneliness in the Workplace." *The Effect of Affect in Organizational Settings. Research on Emotion in Organizations* 1 (2005): 123–42.

Ylijoki, Oili-Helena; Mäntylä, Hans. "Conflicting Time Perspectives in Academic Work." *Time & Society* 12.1 (2003): 55–78.

Zhong, Chen-Bo; Leonardelli, Geoffrey J. "Cold and Lonely: Does Social Exclusion Literally Feel Cold?" *Psychological Science* 19.9 (2008): 838–42.